NUTZEN BENUTZEN HEGEN PFLEGEN

DIE ALPEN IM ANTHROPOZÄN

Urner Institut Kulturen der Alpen (Hg.)

Unter Mitarbeit von Madlaina Bundi,
Boris Previšić, Aline Stadler, Marco Volken

HIER UND JETZT

Boris
Previšić
NACHHALTIGKEIT: DIE ALPEN
IM ANTHROPOZÄN
7

Roman
Hüppi
KREISLÄUFE SCHLIESSEN –
KOHLENSTOFFSENKEN IN DER
ALPINEN LANDWIRTSCHAFT
22

Sibylle
Lustenberger
ALPINE «PROSUMER»: VON
MENSCHEN, DIE GENERATOREN
AM LAUFEN HALTEN
30

Elisabeth
Joris
UNSICHTBAR: FRAUEN IM
ALPENRAUM UND IHR BEITRAG
AN DER WIRTSCHAFT
39

Boris
Previšić
ALPINE PHOTOVOLTAIK: LÄSST
SICH DAS LOKALE MIT
DEN PLANETAREN GRENZEN
VERBINDEN?
47

Annina
Boogen
ERNEUERBARE ENERGIEN
IM ALPENRAUM: PARTIZIPATIVE
PROZESSE NEU DENKEN
58

Kurt
Gritsch
ARBEITEN, WO ANDERE
URLAUB MACHEN – EINE
MIGRATIONSGESCHICHTE
65

Eva-Maria
Müller
GESCHICHTEN VOM GIPFEL-
LOSEN UND IHRE FRAGEN AN
DIE ALPINE ZUKUNFT
73

Loredana
Bevilacqua
Daniel
Speich Chassé
ALPINE LANDWIRTSCHAFT: AM
RAND DER DIGITALISIERUNG?
80

Roland
Norer
EIN «IUS ALPINUM»? DAS
RECHTLICHE POTENZIAL DER
ALPENKONVENTION
92

Ariane
Zangger
Elisa
Frank
Nikolaus
Heinzer
KOOPERIEREN, ADAPTIEREN,
IMPROVISIEREN – HERDEN-
SCHUTZ ALS GEMEINSAMER
LERNPROZESS
99

Wilfried
Haeberli
AUFGEHEIZTES HOCHGEBIRGE:
ÜBER PERMAFROST UND
FELSSTÜRZE
109

Andrea
Meier
WARTEN AUFS TRAGENDE EIS:
WIE DIE KLIMAVERÄN-
DERUNGEN FISCHE UND
EISFISCHER HERAUSFORDERN
117

Köbi
Gantenbein
ALPINES BAUHANDWERK:
ALTES UND NEUES WISSEN
VEREINEN
130

Michel
Roth
VIELSAITIGE INSTRUMENTE:
SCHÄCHENTALER SEILBAHNEN
ALS KLANGLICHE AKTEURE
UND RESONANZKÖRPER
137

Thomas
Egger
ATTRAKTIVER WOHNRAUM –
WESENTLICHER FAKTOR
FÜR DIE BERGGEBIETSENT-
WICKLUNG
144

Andreas
Weissen
«GOGWÄRGJINI»: VON
ZWERGEN UND WEITEREN
SAGENGESTALTEN
151

AUTORINNEN, AUTOREN UND
PROJEKTTEAM
159

ONLINE-MAGAZIN
«SYNTOPIA ALPINA» –
ÜBERSICHT BEITRÄGE
165

Boris
Previšić
NACHHALTIGKEIT: DIE ALPEN IM ANTHROPOZÄN

In den Alpen steigen die Temperaturen überdurchschnittlich: Sie sind aus topografischen und meteorologischen Gründen besonders von der globalen Erwärmung und von extremen Wetterereignissen betroffen. Die Nutzungskonflikte liegen ebenso auf der Hand: Der Tourist, der nicht mit Mutterkühen umzugehen weiss, bringt die Bäuerin in Erklärungsnotstand. Die Erhöhung der Staumauer vernichtet wertvolle Moorflächen. Die ausgetragene Gülle stinkt bis ins Hotel. Die Menge des Restwassers ist zu klein für die Fische und zu gross für die Energieproduktion. Mit den digitalen Medien und Informationen hat man sich irgendwie arrangiert, expliziten Nutzen für ein nachhaltiges Wirtschaften zieht man daraus nicht.

Die globale Bedrohung, mit welcher wir uns konfrontiert sehen, erfordert jedoch einen gesamtgesellschaftlichen Zusammenhalt über diese Nutzungskonflikte hinweg: Nur in Kooperation können wir Menschen dem Klimawandel und dem Verlust unserer Lebensgrundlagen etwas entgegenhalten. Wie sehen die Zukunftsmodelle aus, die dem Alpenraum eine Perspektive geben, Nutzungskonflikte lösen und zur Biosphäre Sorge tragen? Wie passen wir uns mit neuen Lebens- und Wirtschaftsformen an die neuen klimatischen Bedingungen an?

DAS PRIMAT DER ÖKOLOGISCHEN NACHHALTIGKEIT

Bereits im ausgehenden 17. Jahrhundert gab es Energiekrisen. Bevölkerungs- und Städtewachstum erforderten in Europa auf einmal mehr Werkstoffe, vor allem mehr Eisen. Damit der Nachschub gewährleistet werden konnte, war der Sachse Hans Carl von Carlowitz (1645–1714) in seiner Funktion als Oberberghauptmann des Erzgebirges nicht nur für den Abbau, sondern auch für die energieintensive Verhüttung des Rohstoffs zuständig. Bei einer falschen Planung würde es zur «Holznot» kommen. So hält er in seinem Opus Ultimum «Sylvicultura oeconomica», das ein Jahr vor seinem Tod erscheint, in spätbarocker Manier fest: «[W]enn das holtz einmahl verwüstet / so ist der Schade in vielen Jahren / sonderlich was das grobe und starcke Bau-Holtz anbelanget / ja in keinem seculo zu remediren.» (Carlowitz, S. 34) Damit unterstreicht der Oberberghauptmann die Auswirkungen einer falschen Nutzung über einen grossen Zeitraum: Über ein Jahrhundert braucht man, bis der Schaden wieder behoben ist. Darauf folgt der berühmte Satz, auf den sich noch heute die Umweltökonomie beruft: «Wird derhalben die größte Kunst / Wissenschaft / Fleiß und Einrichtung hiesiger Lande darinnen beruhen / wie eine sothane Conservation und Anbau des Holtzes anzustellen / daß es eine continuierliche beständige und nachhaltende Nutzung gebe / weiln es eine unentbehrliche Sache ist / ohne welche das Land in seinem Esse nicht bleiben mag.»

DOCH WIR HABEN DAS KONZEPT DER NACHHALTIGKEIT VERWÄSSERT …

Das «Land» kann nur ökonomisch prosperieren, wenn die Nutzung mit Kontinuität und «nachhaltend» erfolgt. In der ganzen Abhandlung erscheint «Nachhaltigkeit» nicht als Nomen. Und dennoch verschreibt sich Carlowitz ihr in seiner ganzen «Sylvicultura» mit Haut und Haar. Der gesellschaftliche und wirtschaftliche Nutzen ist der ökologischen Nachhaltigkeit immer nachgestellt. Vorrangig sind die natürlichen Ressourcen, das Nachwachsen der Bäume. Zwar nahm der Club of Rome um 1970 dieses Prinzip wieder auf, und der UNO-Brundtland-Bericht zielte 1987 unter dem Titel «Our Common Future» sogar auf dessen internationale Verbindlichkeit. Allerdings verlor sich anschliessend die Priorisierung in einer ökonomisch-sozial-ökologischen Triangulierung der Nachhaltigkeit. Dies verwässerte die ursprüngliche Intention in einem Ausmass, dass das Konzept in sein Gegenteil kippte: Solange sich etwas ökonomisch nicht auszahlt – so die fatale Argumentation ab den 1990er Jahren –, solange ist die Nachhaltigkeit der natürlichen

Ressourcen kein Thema; die Kosten, die deren Verlust verursacht, werden externalisiert, Leidtragende sind die Allgemeinheit, die Biosphäre und kommende Generationen.

... UND ES IN SEIN GEGENTEIL VERKEHRT

In lehrbuchmässiger Reinform findet sich die Verkehrung von Carlowitz' Nachhaltigkeitsgedanken im Konzept des «Kohlendioxid-Budgets». 2010 wird es von der Klimawissenschaft in die Politik eingebracht und spätestens 2015 mit dem Pariser Klimaabkommen zur Einhaltung des 1,5-Grad-Grenzwerts mit dem globalen Netto-Null-Ziel vertraglich geregelt. Dieses Ziel sollte weltweit spätestens in der zweiten Hälfte unseres Jahrhunderts erreicht werden. Inzwischen dient das «Kohlenstoffbudget» nur noch als Argument dafür, in unserer Gegenwart auf Kosten der Biosphäre und auf Kosten der jungen und künftigen Generation das «Budget» voll auszuschöpfen – obwohl inzwischen bekannt ist, dass wir kein Budget mehr zur Verfügung haben, falls wir mit der Biosphäre wirklich überleben wollen. So manövrieren wir uns mit unserer Lebensgrundlage unter dem Vorwand der Nachhaltigkeit an den Abgrund. Umso wichtiger ist es, zurückzublicken, zurück ins Jahr 1713 – nicht im Sinne eines «retour à la nature», sondern zur Wiederaufnahme von Carlowitz' Konzept, dass Ressourcen nur so weit genutzt werden, wie sie regenerationsfähig bleiben: Ein Wald darf nur so stark bewirtschaftet werden, dass «eine continuierliche beständige und nachhaltige Nutzung garantiert» ist.

WIR VERNICHTEN GERADE UNSEREN GLOBALEN SCHUTZWALD ...

Als Labor der Nachhaltigkeit eignen sich die Alpen besonders – und dies aus verschiedenen Gründen: Rein geomorphologisch reagiert das Gelände schnell auf menschliche Eingriffe, die nicht «nachhaltend» sind. Wird ein Schutz- oder Bannwald nicht richtig bewirtschaftet, vernichten Lawinen,

Steinschläge oder Murgänge Siedlungen, Infrastruktur und Kulturland. So hoch der Holzpreis auch liegen mag: Es ergibt schlichtweg keinen Sinn, den ökonomischen Nutzen einer Abholzung gegen die Schutzfunktion aufzuwiegen. Was lokal sinnfällig ist, gilt auch im global-planetaren Massstab: Es ergibt ebenso wenig Sinn, die planetaren Grenzen der Klimagaskonzentration in der Atmosphäre oder die Grenzen des Biodiversitätsverlusts zu überschreiten. Und trotzdem eliminieren wir gerade unseren globalen Schutz- und Bannwald im Eiltempo.

... UND SIND AUF DIE ALPINE RESSOURCEN-DICHTE ANGEWIESEN

Die Alpen sind nicht nur Labor und Metapher für die Folgen unseres heutigen Wirtschaftens im Anthropozän. Sie sind auch – wiederum aus geomorphologischen Gründen – Ressourcenquelle. An erster Stelle sei hier das Wasser genannt, welches nicht nur wegen der deutlich höheren Niederschlagsmengen im Vergleich zum Umland, sondern auch wegen seiner Speicherung in Form von Eis und Schnee überlebenswichtig ist für die Landwirtschaft, die Energiegewinnung, die Kühlung von Atomkraftwerken, den Tourismus und selbst für die Schifffahrt. Essenziell ist auch die hohe Biodiversität dank verschiedenen Klimazonen auf kleinstem Raum, kleinräumigen Geländekammern, grossen Höhenunterschieden und unterschiedlichen geologischen Voraussetzungen. Die hohe Sonneneinstrahlung im Winter und die exponierten Kamm- und Passlagen machen die Alpen sowohl für die Wasserkraft wie auch für neue, erneuerbare Energieträger äusserst interessant. Die extensive Weide- und Heubewirtschaftung sichert menschliche Gemeinschaften und erhöht die Biodiversität. Und schliesslich nimmt die Attraktivität der Alpen als Erholungsraum und als Raum der Sommerfrische weiter zu.

WIR HABEN VIELE ANSPRÜCHE AN DIE ALPEN ...

Trotz dieser Verschränkung von Natur- und Kultur-raum, wie sie in Infrastrukturprojekten besonders augenfällig wird, bleibt der alpine Gebirgsraum eine Projektionsfläche par excellence, welche individuelle und gesellschaftliche Wünsche zu befriedigen hat: die Alpen als militärische Trutzburg, die Alpen als Nukleus nationaler Identifikation, die Alpen als Frei-zeitpark der Risikogesellschaft, als Energiepark, als Nische öko-logischer Land- und Forstwirtschaft, als unberührte Wildnis. Auch aus den sektorspezifischen Sichtweisen von Tourismus, Energiewirtschaft, Militär, Naturschutz, Landwirtschaft etc. er-scheinen die Alpen besonders fragmentiert, obwohl erst die Zusammenschau und Kombination der unterschiedlichen Wün-sche und Ansprüche zu einer nachhaltigen Strategie führen – und dies unter dem Primat natürlicher Ressourcen.

... UND SIND EINGEBUNDEN IN DIE
«NATÜRLICHEN» KREISLÄUFE

Wie Carlowitz bereits festhält, besteht die eigentliche Kulturleistung – «die größte Kunst / Wissenschaft / Fleiß und Einrichtung» – im Schutz und in der Pflege der natürlichen Res-source. Der ökonomische und gesellschaftliche Nutzen ergibt sich erst als Konsequenz daraus. Mit «Kunst» meint er vor allem das Handwerkswissen und die Handwerkspraxis, mit «Wissen-schaft» den neuesten Erkenntnisstand in der Theorie, während «Fleiß und Einrichtung» auf Effizienz und Institutionen der Res-sourcennutzung abzielen. Auch wenn zu Beginn des 18. Jahr-hunderts kaum von einer sozial-disziplinären Ausdifferenzie-rung der Moderne die Rede sein kann, deckt der Autor mit diesen vier Feldern nicht nur ein transdisziplinäres Vorgehen zwischen Botanik, Geologie, Ökonomie, Ingenieurswissen-schaften und unterschiedlichen Praxisfeldern wie Erzverhüt-tung, Forstwesen, Maschinen- und Strassenbau ab, sondern auch deren wirtschaftliche und gesellschaftliche Verankerung.

So sind das Nutzen als menschliche Tätigkeit und der Nutzen, den man daraus zieht, in allen Varianten, auf die wir noch zurückkommen werden, als enge Verschränkung menschlicher Tätigkeiten zu verstehen, mit Kreisläufen der verschiedenen Sphären, vorab der Pedosphäre (Boden), der Biosphäre (Lebewesen), der Atmosphäre (Luft), der Hydrosphäre (Wasser), der Kryosphäre (Eis) und der Lithosphäre (Gestein).

WIR SIND SCHON LANGE IM ANTHROPOZÄN ...

Mit diesem hoch austarierten und komplexen System interagiert der Mensch ständig. Die Erdepoche des Anthropozän definiert sich aus einer imaginierten Tiefenzeit der Zukunft («deep future»), von der aus sich nach Jahrmillionen und selbst Jahrmilliarden Spuren des Menschen in geologischen Schichten finden lassen. Je nachdem, auf welche Spuren man sich konzentriert, lässt sich der Beginn des Anthropozän anders datieren. Ist es die atmosphärische Klimagaskonzentration, die Ozeanversauerung oder die Radioaktivität, so ist die grosse Beschleunigung («great acceleration») nach dem Zweiten Weltkrieg bis hin zum absoluten Überschiessen der planetaren Grenzen in den 1990er Jahren ausschlaggebend. Werden hingegen weitere menschliche Interaktionen mit den Sphären miteinbezogen, lässt sich der Beginn des Anthropozän immer weiter in der Menschheitsgeschichte zurückverfolgen: Plantagen in Form riesiger Monokulturen, grossflächige Rodungen und Reisanbau im Holozän (bis vor 11 700 Jahren) und schliesslich die massive Reduktion der Megafauna durch die Jagd im späteren Pleistozän, seit der Mensch differenziert kommuniziert und sich in Gruppen organisiert.

... AUCH IN DEN ALPEN

Auch in den Alpen setzt das Anthropozän im erweiterten Sinne früh ein, wie die rasche Dezimierung des zur Megafauna gehörenden Auerochsen (Uri lässt grüssen) und später des Bären, Luchses und Wolfes zeigen, aber auch Rodungen und damit einhergehende Senkungen der Waldgrenze sowie die Intensivierung der Alpwirtschaft. Zum einen lässt sich daraus schliessen, wie intensiv der Mensch in den Alpen mit seiner «Mitwelt» interagierte und wie früh das Konzept von Wildnis bereits nicht mehr zutraf. Selbst wenn wir Gebiete «renaturieren», ist der Mensch nicht mehr wegzudenken. Zum anderen wird deutlich, dass es nicht nur einen «schlechten» Anthropozän gibt. Vielmehr kann der Mensch auch einen positiven Einfluss haben, indem er beispielsweise dank waldfreien Flächen die Biodiversität der Flora erhöht oder dank dem im Vergleich zu heute geringen zusätzlichen Klimagaseintrag im Holozän die klimatischen Bedingungen stabilisiert.

WIR WÜNSCHEN UNS AUTARKE ALPEN …

Ein kurzer Einblick in die Alpengeschichte seit Carlowitz' «Sylvicultura» zu Beginn des 18. Jahrhunderts verdeutlicht, wie sehr dieser Gebirgsraum immer wieder als Raum der Nachhaltigkeit imaginiert wurde. Der eigentliche Begründer eines völlig neuen Alpenbilds ist nicht nur Botaniker im ebenfalls zu Sachsen gehörigen Göttingen. Vielmehr muss er auch seinen Carlowitz gelesen haben, als er sich dann später, in seine Berner Heimat zurückgekehrt, der Forstaufsicht verpflichtete: Albrecht von Haller, Verfasser des Monumentalgedichts «Die Alpen». Es erschien erstmals vollständig 1732, weniger als zwanzig Jahre nach Carlowitz' Opus. Haller arbeitete das Gedicht zeitlebens um, beliess aber die Form von 49 Strophen zu je zehn Alexandrinerversen. Dabei präzisierte er zusehends die Flora in Fussnoten. Gleichzeitig verortete er sein Arkadien immer genauer zwischen Thunersee und Rhone und hob die idealisierten Alpenbewohner ab vom dekadent-feudalen Frankreich und von der englischen oder spanischen Kolonialpolitik in Indien und Peru. Die Alpenbewohnerinnen und -bewohner sind nicht glücklich, weil sie im Überfluss schwelgen oder in einer Schäferidyllik leben, sondern weil ihnen die Natur gerade so viel gibt, wie sie brauchen, beziehungsweise: Die Menschen ringen der Natur so viel ab, wie sie gerade brauchen – eine autarke Selbstgenügsamkeit, die sich vom Strudel der Zeit fernhält und auf «nachhaltender» Subsistenzwirtschaft beruht.

... UND SEHEN SIE ALS SPIEGEL DER MODERNE

Garant für eine solche Idealisierung sind die Alpen selbst, welche einen geschlossenen Raum bilden. So sehen wir uns seit der Aufklärung mit einem Alpenbild konfrontiert, mit dem noch heute der Tourismus wirbt, obwohl sich der Selbstversorgungsgrad massiv reduziert hat. Bereits Haller wird Zeuge davon, wie sich seine Idealisierung selbst demontiert, wenn Einheimische bei Reisenden, die vom Gedicht inspiriert die Alpen aufsuchen, betteln. In kaum einem anderen Raum sind die jeweiligen Wellen von Strukturwandel so tiefgreifend wie in den Alpen. Dazu gehören Überbevölkerung und Abwanderung, Overtourism und Vergandung, Militarisierung und Demilitarisierung, Industrialisierung und Umbau in eine Dienstleistungsgesellschaft usw. In kaum einem anderen Gebiet erfolgen zum Teil sogar gegenläufige Entwicklungen gleichzeitig auf engstem Raum. Hält die «Modernisierung» in manchen Talböden und touristischen Hotspots Einzug, entvölkern und verganden peripherere Nachbartäler. Ebenso drastisch sind die Auswirkungen der Energierevolutionen. Fielen die meiste Zeit Wälder der Übernutzung oder Abholzung zum Opfer, wurden sie durch die Wasserkraft und durch fossile Energieträger entlastet. Der grösste Zuwachs an Wald wird in den Alpen, in besonderem Ausmass auf der Alpensüdseite, verzeichnet. Und dies nicht nur wegen Entvölkerung und Extensivierung, sondern vor allem auch wegen der Klimaerwärmung.

WIR WISSEN UM DIE PRIORITÄT DES PLANETAREN …

Der Megatrend zeigt inzwischen wieder in die andere Richtung. Der Ersatz fossiler Energieträger durch Holz hat dazu geführt, dass inzwischen mehr europäisches Holz genutzt wird als nachwachsen kann. Und dieser Trend wird auch an den Alpen nicht spurlos vorbeiziehen, setzt die Politik nicht neue Leitplanken. War zu Zeiten Carlowitz' und Hallers eine Regelung der Nachhaltigkeit auf lokaler Ebene noch möglich, steht sie heute immer auch im planetaren Zusammenhang. Obwohl fossile Energieträger den direkten Druck auf den Wald wesentlich minderten, erhöhten sie ihn wiederum durch die Klimaerwärmung. Das Lokale kann aber nicht einfach mit dem Planetaren in ein «Gleichgewicht» gebracht werden. Ebenso wenig gibt es ein vermeintliches «Gleichgewicht» zwischen lokalen Klimaanpassungen («adaptation») einerseits und globaler Dekarbonisierung und Treibhausgasreduktion in der Atmosphäre («mitigation») andererseits. Dem Planetaren kommt oberste Priorität zu. Die Alpen im Anthropozän stehen somit unter einem doppelten Primat von Nachhaltigkeit: einer planetaren Nachhaltigkeit und einer ihr nachgestellten lokalen Nachhaltigkeit «natürlicher» Ressourcen, die wiederum in der Kaskade gegenüber der sozialen und ökonomischen Nachhaltigkeit Vorrang hat.

… UND UM DIE LOKALEN BESONDERHEITEN IM ANTHROPOZÄN

Nirgends verschränken sich Natur- und Kulturraum so eng wie in den Alpen. Nirgends ist der Einfluss auf die Landschaft des Anthropozän so allgegenwärtig wie in den Alpen: Energielandschaften, touristische Nutzung der Natur, Ergrünen und Erbraunen der Flora, Gletschersterben, Bergstürze. Gerade darum eignen sich die Alpen ganz besonders, unterschiedliche Qualitäten von Nachhaltigkeit im Zusammenspiel zwischen verschiedenen Sektoren wie Land-, Forst- und Energiewirtschaft, aber auch zwischen Tourismus, Wohnen und lokalem Handwerk genauer zu untersuchen und zu beleuchten.

Die von Carlowitz angedachte transdisziplinäre Vorgehensweise zur Kultivierung und Nutzung einer Landschaft ist heute angesichts der globalen Erwärmung unumgänglich und in den Alpen dringend nötig. Es braucht neue Synergien zwischen allen Sektoren, um gemeinsam Zukunftsvisionen zu entwickeln – und auch umzusetzen. Aus diesen Gedanken heraus ist im Frühjahr 2022 das Online-Magazin «Syntopia Alpina» entstanden, in dem Expertinnen und Experten aus Akademie und Praxis regelmässig in Form von Kurzartikeln Impulse für die Zukunft des Alpenraums geben. In der Zusammenstellung ausgewählter Beiträge zu diesem Band hat sich herausgestellt, dass in unterschiedlichen semantischen Abstufungen des Nutzens ein konzeptueller Mehrwert liegt. Bei diesen Abstufungen, die den Band in vier Teile gliedern, handelt es sich – ganz im Sinne des Urner Instituts Kulturen der Alpen – um alpenspezifische Handlungen: um NUTZEN, BENUTZEN, HEGEN, PFLEGEN.

WIR NUTZEN UND BENUTZEN …

In den Alpen NUTZEN wir natürliche Kreisläufe von Kohlenstoff oder Stickstoff in der Biosphäre, von Niederschlägen und Wasserläufen in der Atmo- und Lithosphäre. Damit schreiben wir uns in Lebensflüsse ein. So kommt die Wechselseitigkeit zwischen Nutzenden und Genutztem und damit auch zwischen planetarer und lokaler Allmende genauer in den Blick. Es ist ein Nehmen und Geben im Wechsel zwischen Natur und Gesellschaft, welches hier enger getaktet ist und daher verschiedene planetare Voraussetzungen wie Klimaschutz und Biodiversität gegeneinander abzuwägen hat. In den Alpen BENUTZEN wir knappe Ressourcen, die aufgrund der topografischen Voraussetzungen gegeben sind oder von uns ge-

schaffen werden. Dafür schreiben wir uns sichtbar in die Landschaft ein – für Energieformen, touristische Zurichtungen,
ökonomisch getriebene Migration oder neue Informations-
technologien. Im Unterschied zum Nutzen, der sich aus «natürlichen» Voraussetzungen ergibt, bringt das Benutzen die
natürlichen Voraussetzungen an ihre Grenzen, welche umso
mehr Beachtung und gesellschaftlicher Auseinandersetzung
bedürfen.

… UND HEGEN UND PFLEGEN DIE ALPEN

Indem wir etwas HEGEN, grenzen wir nicht nur etwas
ein, sondern schaffen damit auch einen schützenden, geschütz-
ten oder schützenswerten Raum, sodass die Natur in der Inter-
aktion mit uns Menschen intakt bleibt, aber auch damit wir im
Alpenraum weiter wirtschaften und hausen können. In ihrer
Vertikalität bilden die Alpen eine Abgrenzung und bieten trotz
ihrer Schroffheit und Gefährlichkeit Geborgenheit. In der Span-
nung zwischen biologischem Gleichgewicht und menschlicher
Ein- und Zurichtung liegt die Herausforderung eines solchen
Handelns. Und schliesslich PFLEGEN wir die Alpen als Natur-
und Lebensraum. Nachhaltigkeit ist einer solchen Tätigkeit
inhärent, weil sie auf Dauer angelegt ist. Wir greifen dafür auf
lokale Werkstoffe und Traditionen zurück und erfahren auf unterschiedlichen Ebenen die Sensitivität dieses Raums, der eine
besondere Um- und Weitsichtigkeit erfordert, die Vorbild für
den Umgang mit unserem Planeten ist.

WEITERFÜHRENDE LITERATUR

NACHHALTIGKEIT

Brundtland, Gro Harlem (1987): Our Common Future. Report of the World Commission on Environment and Development. New York.

Carlowitz, Hans Carl von (1713): Sylvicultura oeconomica, oder Haußwirthliche Nachricht und Naturmäßige Anweisung zur Wilden Baum-Zucht. Leipzig. Nachdruck München 2013, hrsg. v. Joachim Hamberger.

Crutzen, Paule / Stoermer, Eugene (2000): The «Anthropocene». In: Global Change Newsletter 41, 17.

Grober, Ulrich (2013): Die Entdeckung der Nachhaltigkeit. Kulturgeschichte eines Begriffs. München.

Jäger, Andreas (2021): Die Alpen im Fieber. Die 2-Grad-Grenze für das Klima unserer Zukunft. Brunico.

Meadows, Donella H. / Meadows, Dennis L. / Randers, Jorgen / Behrens III, William H. (1972): The Limits to Growth. New York.

Stager, Curt (2011): Deep Future. The Next 100000 Years of Life on Earth. New York.

Tulloch, Lynley / Neilson, David (2014): The Neoliberalisation of Sustainability. In: Citizenship, Social and Economics Education 13/1, 26–38.

Vogt, Markus (2012): Konzept Nachhaltigkeit. In: AFZ-DerWald 24 (67). München, 4–9.

KRITISCHE ANTHROPOZÄNDEBATTE

Haraway, Donna (2016): Staying with the Trouble. Durham / London.

Latour, Bruno (2009): Das Parlament der Dinge. Für eine politische Ökologie. Frankfurt am Main.

Previšić, Boris (2023): Zeitkollaps. Ins Handeln kommen angesichts des Planetaren. Wien.

DIE ALPEN IM ANTHROPOZÄN

Aschwanden, Romed (2021): Politisierung der Alpen. Umweltbewegungen in der Ära der Europäischen Integration (1970–2000). Köln.

Bätzing, Werner (2003 [1991]): Die Alpen. Geschichte und Zukunft einer europäischen Kulturlandschaft. Zweite, wesentlich veränderte Auflage. München.

De Jong, Carmen (2015): Challenges for Mountain Hydrology in the Third Millenium. In: Frontiers in Environmental Science 3, 1–3.

Hoffman, Susanna / Hylland Eriksen, Thomas / Mendes, Paulo (Hg. 2022): Cooling Down. Local Responses to Global Climate Change. Oxford / New York.

Kupper, Patrick (2012): Wildnis schaffen. Eine transnationale Geschichte des Schweizerischen Nationalparks. Bern.

Mathieu, Jon (2014): Geschichte der Alpen 1500–1900. Umwelt, Entwicklung, Gesellschaft. Wien.

Nöbauer, Herta (2022): Our Existence is Literally Melting Away. Narrating and Fighting Climate Change in a Glacier Ski Resort in Austria. In: Hoffman, Susanna / Hylland Eriksen, Thomas / Mendes, Paulo (Hg. 2022): Cooling Down. Local Responses to Global Climate Change. Oxford / New York.

Previšić, Boris / Zgraggen, Bruno / Zürcher, Barbara (2019): Nature. Between Desire and Reality. From Amazonia to the Alps. Wädenswil.

Reichel, Christian (2020): Mensch – Umwelt – Klimawandel. Globale Herausforderungen und lokale Resilienz im Schweizer Hochgebirge. Bielefeld.

Steinbach, Anne / Dunker, Arne (Hg. 2022) / Ty, Manolo (Fotografie): Das letzte Eis. Zwei Welten im Wandel. Wie die Klimakrise die Lebensweise der Menschen in den Schweizer Alpen und in der Eiswelt Alaskas bedroht. Berlin.

Roman
Hüppi
KREISLÄUFE SCHLIESSEN –
KOHLENSTOFFSENKEN IN DER ALPINEN
LANDWIRTSCHAFT
22

Sibylle
Lustenberger
ALPINE «PROSUMER»: VON MENSCHEN,
DIE GENERATOREN AM LAUFEN HALTEN
30

Elisabeth
Joris
UNSICHTBAR: FRAUEN IM ALPENRAUM
UND IHR BEITRAG AN DER WIRTSCHAFT
39

Boris
Previšić
ALPINE PHOTOVOLTAIK: LÄSST SICH
DAS LOKALE MIT DEN PLANETAREN
GRENZEN VERBINDEN?
47

NUTZEN

BENUTZEN
HEGEN
PFLEGEN

Kaum ein Begriff findet sich häufiger in Zusammensetzungen und Ableitungen als NUTZEN: Da sind zunächst einmal «nützen», «Nutzung», «Nutzniessung», «nützlich» und weitere mehr, aber auch vermeintliche Gegensätze wie «eigennützig» und «gemeinnützig». Die Bandbreite zwischen der Tätigkeit NUTZEN und dem substantivierten NUTZEN zeigt auf, wie sehr sich Menschen, Lebewesen und Dinge in einem Netzwerk verbinden und damit die Trennung zwischen der Ökologie und der Politik, zwischen der Wissenschaft und dem Sozialen aufheben. Unabhängig vom Belebungsgrad, unabhängig davon, ob es sich um ein «Ding» oder um ein «Lebewesen» handelt, kommt dem Begriff immer auch die Bedeutung «für etwas da sein» zu. Das lässt sich weiter steigern: Indem etwas nützt, kann es auch erfreuen, wie es die Aufklärung des 18. Jahrhunderts in der Zuspitzung der rhetorischen Formel von «prodesse et delectare», von «nützen und erfreuen», einfordert. Ein «Ding», ein «Lebewesen» existiert nicht einfach, sondern involviert und emotionalisiert uns.

Besonders attraktiv an dieser Idee ist das Double Binding, dass NUTZEN sowohl vom benutzten Objekt als auch vom benutzenden Subjekt produktiv gemacht werden kann. In unserem konkreten Fall NUTZEN wir in den Alpen Stoffkreisläufe der Biosphäre, aber auch Energieproduktionsstätten, unverzichtbare Arbeit von Frauen oder alpine Freiflächen. Sie stehen in unserem Dienst. Sie sind nützlich. Wir NUTZEN sie und ziehen gleichzeitig daraus NUTZEN. Die Übergängig- und Wechselseitigkeit von grammatikalischem Objekt und Subjekt wird in der neuen Wertschöpfung eines der Beiträge, im Begriff «Prosumer», folgerichtig auf den Punkt gebracht: Nicht nur wird damit die rein passive Konsumhaltung aktivistisch unterlaufen; ebenso steht die Bezweckung in einem Wechselverhältnis.

So steckt im übertragenen Wortgebrauch Langfristigkeit – wie es Goethe in der Übersetzung von Diderots «Neveu de Rameau» festhielt: So «nutzt die Wahrheit nothwendig auf die Länge, wenn sie auch im Augenblick schadet». Im Anthropozän bezieht sich die Frage nach NUTZEN und Schaden immer auf planetare Grenzen. Um sie im ethischen Sinne der Wahrheit einzuhalten, indem Lebewesen und Dinge in Austausch treten, haben wir unsere Erde immer als gemeinnützige Allmende zu denken, die nicht nur Generationen Leben gespendet hat, sondern auch spenden wird. Kreisläufe schliessen, erneuerbare Energien herstellen und konsumieren, Arbeit wertschätzen, Biodiversität und Photovoltaik verbinden, wird so nicht nur nützlich sein, sondern Freude spenden – kurzum: Lust auf ein Anthropozän machen, in dem der Mensch alles daransetzt, das Überleben der Biosphäre und seiner selbst langfristig zu sichern.

Roman
Hüppi
KREISLÄUFE SCHLIESSEN – KOHLENSTOFFSENKEN IN DER ALPINEN LANDWIRTSCHAFT

Ist die Berglandwirtschaft vor allem Verliererin im Zuge der Klimaerwärmung? Oder könnte sie auch eine Vorbildfunktion im Klimaschutz übernehmen? Die aktuellen Probleme mit Boden- und Nährstoffverlusten bieten die Chance, neue Wege zu gehen und sowohl CO_2-Bindung als auch Emissionsreduktionen als Dienstleistung zu erbringen.

Die eklatanten Unterschiede in der Berglandwirtschaft sind offensichtlich: einerseits Wiesen, die zu stark genutzt werden und von Blacken überzogen sowie von Erosion gekennzeichnet sind; andererseits Alpweiden, die verbuschen, von Erlen durchsetzt oder im Fichtenwald verschwunden sind. An diesen beiden Extremen der Übernutzung sowie der Unternutzung von alpinem Kulturland leidet sowohl die Biodiversität als auch die Produktivität. Artenreiche Trockenwiesen verlieren von allen Seiten an Terrain. Die vielseitige Alpenflora steht unter Druck und mit ihr die Insekten, die Stabilität des Bodens und die traditionsreiche und wertvolle Kulturlandschaft. Bergmilch hat immer weniger mit den verschiedenen Kräutern zu tun, die der Milch einst wertvolle Inhaltsstoffe und den einmaligen Geschmack gegeben haben: Die Rationalisierungsprozesse selbst in der alpinen Landwirtschaft führen zu einem Übermass an Kraftfutter im Futtertrog der Tiere, zu erhöhtem Ammoniak- und Lachgasausstoss auf dem Hof und schliesslich zu überdüngten Wiesen. Im steilen Gelände wird der Stickstoff besonders rasch ausgewaschen und belastet Gewässer und Trinkwasser an alpinen Standorten, an denen man dies bisher nicht erwartet hätte.

DER DRUCK NIMMT ZU
So hat sich das Berggebiet von der Kohlenstoffsenke zur Kohlenstoffquelle gewandelt. Die intensivierte Landwirtschaft in den Alpen hat immer grösseren Anteil an klimaschädigenden Treibhausgasemissionen.

Die eigentliche Stärke grosser, extensiv genutzter Wiesen und Weiden wird damit zu einer Last. Dieses Problem vernichtet nicht nur natürliche Ressourcen, sondern bindet auch enorme finanzielle Mittel, die für den Wandel zur nachhaltigen Ernährungswirtschaft fehlen. Jeder Franken, der in nicht erneuerbare Energie fliesst, fehlt für den Aufbau von nachhaltigen Kreisläufen. Weder ausgewaschene Nährstoffe noch verbranntes Erdöl kommt wieder zurück. Jede Ernte braucht wieder neue, nicht erneuerbare Ressourcen. So verbrennt die Schweizer Landwirtschaft mindestens drei fossile Kalorien, um eine für den Menschen essbare Kalorie herzustellen. Im Berggebiet ist man heute ganz besonders auf externe Inputs angewiesen: auf Kraftfutter, Diesel, Heizöl, teure Maschinen und Kunstdünger.

      Das Mantra landwirtschaftlicher Intensivierung wiederholt sich in der alpinen Kulturlandschaft. Auf leicht zu bewirtschaftenden Flächen werden Bäume möglichst eliminiert und nutzbare Hänge begradigt, was wiederum Erosion und Bodenverlust erhöht. In den Talböden führen starke Winde – wie der Föhn oder thermikbedingte Böen – zu einer im Vergleich zum Mittelland noch schnelleren Austrocknung der Böden. Hier verschmerzt man in immer länger werdenden Trockenperioden die fehlenden Bäume besonders schlecht. Leider ist die Berglandschaft insgesamt durch den Klimawandel und durch die daraus resultierenden Extremwetterereignisse stark betroffen. Die Anstrengungen, diesen Herausforderungen zu trotzen, sind im Infrastrukturbereich bereits heute immens. Zwar konnte die Landwirtschaft bis vor Kurzem vom milderen Klima profitieren, sie wird sich aber zusehends mit Wasserknappheit und Bodenverlust konfrontiert sehen. Zusätzlichen Druck auf die Berggebiete übt zudem die reduzierte Schutzwirkung des Bergwalds aus, in welchem die Klimaerwärmung verschiedene Kipppunkte anstossen kann.

BERGLANDWIRTSCHAFT PRODUKTIV NUTZEN UND KLIMASCHUTZLEISTUNG INTEGRIEREN

«Agricultural Climate Solutions» könnten die neue Cashcow der Bergregionen werden: Der Wald wird optimal gepflegt, um gleichzeitig Schutzwald zu sein und eine CO_2-Senkenleistung von höchster Qualität zu erbringen. Agroforstsysteme, in denen Bäume und Sträucher die als Weiden und Nutzwiesen genutzten Flächen durchsetzen, dominieren die Landwirtschaft auf allen Höhenstufen bis zur natürlichen Waldgrenze. Dadurch wird die Erosion minimiert, und die Bodensubstanz kann sich in wenigen Jahren erholen und wieder zulegen. Dank einer durchwegs produktiven Graslandbewirtschaftung, in welcher die Rückkopplung von organischer Biomasse im Zentrum steht, wird die Senkenleistung deutlich gesteigert. Eine Kombination von labilen Kompostprodukten aus biogenen Abfällen, Strauchschnitt und Mist bringt die Nährstoffe verlustfrei auf die Flächen zurück. Gemischt wird dieser Humusaufbaudünger mit Pflanzenkohle («Biochar») aus der Biomasse der Wälder und der Agroforstsysteme. Das bisher verschmähte Holz wird für Pyrolyse genutzt, heizt im Winter und produziert begehrten Winterstrom.

Der Wald bindet CO_2 und speichert Kohlenstoff mittelfristig dank dem Zuwachs der Biomasse. Das Holz kann für verschiedene Prozesse in der neuen Biomasse-Ökonomie genutzt werden. Später wird selbst Bauholz über eine Kaskade zu Pflanzenkohle verarbeitet und damit Kohlenstoff langfristig stabilisiert. Die steigenden Vorräte an Kohlenstoff im Boden sind die Rückversicherung für die natürliche Senkenleistung und für die Produktion von wertvollen Nahrungsmitteln. Der Kohlenstoff baut sich zwar nur langsam im Boden auf, hat aber neben dem Senkeneffekt weitere positive Auswirkungen: sowohl auf die Stabilität der Erträge als auch auf die Anpassung an das sich verändernde Klima.

Das vollständige Abbrennen von Holz gehört damit der Vergangenheit an. Viel zu schade ist es, wenn die wertvolle Kohle ganz verbrannt wird. Denn sie liefert vergleichsweise wenig Energie, während der Kohlenstoff in Form von CO_2 in der Atmosphäre das Klima weiter anheizt und der eigentliche Nutzen als Kohlenstoffsenke verloren geht. Gleichzeitig – und das ist der springende Punkt – werden Pflanzennährstoffe vor allem in Form von Stickstoff sorgfältiger behandelt. Dadurch reduzieren sich die Lachgas-, Ammoniak- und Stickoxidemissionen merklich, v. a. in der Tierhaltung. Es werden einerseits weniger Tiere pro Flächeneinheit gehalten, und andererseits wird die Vergandung durch eine Wiederbewirtschaftung traditioneller Weiden rückgängig und dadurch die Gesamtbewirtschaftungsfläche grösser gemacht. Die Bewirtschaftung wird arbeitsintensiver. Fleisch und Milch erzielen dank ihrer Qualität, Direktverarbeitung und Klimaleistung deutlich höhere Preise. Die Milch wird im Gegenzug ihrem Ruf als weisses Gold der Alpen wieder gerecht. Fleisch wird zwar seltener konsumiert, erhält aber einen besonderen Wert für die Ernährung, ergänzend zu vorwiegend pflanzlichen Produkten. Die neuen Sphären von Produktivität können mehr Menschen Ein- und Auskommen garantieren. Dank den weitläufigen Wiesen und Weiden, aber auch dank den artenreichen Wäldern wird in den Alpen jetzt mehr CO_2 gebunden als ausgestossen.

PFLEGE EINES STABILEN STICKSTOFFKREISLAUFS –
DAS GEBOT DER STUNDE
Die heutige Situation ist gravierend: Sowohl der Stickstoff- als auch der Kohlenstoffkreislauf sind unterbrochen. Der mangelhafte Eintrag von organischen Abfällen und Mistkompost führt zum Verlust von Bodenkohlenstoff. Damit kann der Boden den Stickstoff weniger gut binden und verliert den überhöhten Eintrag von Stickstoffdünger auf vielfältige Weise. So wird der reaktive Stickstoff als Nitrat (NO_3^-) in Gewässer ausgewaschen, entweicht als Ammoniak (NH_3) oder Stickoxid (NO_x) in die Luft oder reagiert weiter zum potenten Treibhausgas Lachgas (N_2O) sowie zum unschädlichen Luftstickstoff (N_2). Lachgas ist nicht nur ein 300-mal potenteres Treibhausgas als CO_2 in der Troposphäre, sondern inzwischen Hauptverursacher für den Abbau der Ozonschicht in der Stratosphäre.

Die Kreisläufe sind entkoppelt und befeuern einen Teufelskreis, in dem noch mehr Humus abgebaut wird und sowohl Stickstoff als auch Kohlenstoff aus dem Boden verloren gehen. Die Bodenbiologie verarmt und kann nicht mehr für die Stabilität und Produktivität sorgen.

Im Kontrast dazu wird im künftigen System dank einer sogenannten regenerativen Bodenbewirtschaftung der Humusaufbau gefördert, indem der Kohlenstoffkreislauf wieder mit dem Stickstoff gekoppelt wird. Eine permanente Bodenbedeckung mit Pflanzen, eine schonende Bodenbearbeitung und sorgfältig verarbeitete und ausgetragene Komposterden ermöglichen dem Boden, sowohl Kohlenstoff als auch Stickstoff zu binden. Dank Agroforst-Bäumen, anderen mehrjährigen Kulturen, Untersaaten oder Mischkulturen steigen die Durchwurzelung des Bodens und dadurch die Produktivität deutlich. Das ernährt die Mikroorganismen im Boden und bringt zusätzlichen Kohlenstoff ein. Leguminosen können den geringeren Bedarf an Stickstoff decken, ohne auf den Verbrauch von fossilem Mineraldünger zurückgreifen zu müssen. Als zusätzlicher Booster für dieses System kann Pflanzenkohle vielfältig genutzt werden. Die Pyrolyse bietet eine mehrfache Nutzung von verholzten Reststoffen für Energie und langfristige CO_2-Senke an. Im Boden speichert die resultierende Pflanzenkohle Wasser, Nährstoffe und Luft, während sie gleichzeitig Bakterien und Pilzen einen vielfältigen Lebensraum bietet, was zusätzlichen Kohlenstoff und Stickstoff stabilisiert. All das kehrt die Umweltbelastungen aus dem heutigen Bodensystem um und verbessert dessen Resilienz.

So hilft der nunmehr geschlossene Kohlenstoffkreislauf auch der Stabilisierung des Stickstoffkreislaufs. Damit werden zwei planetare Grenzen gepflegt: zum einen die planetare Grenze des Klimawandels, zum anderen die ebenso wichtige planetare Grenze des Stickstoffkreislaufs. Dieser ist im Moment völlig aus dem Ruder gelaufen und bringt die unter der Überdüngung leidende Artenvielfalt enorm unter Druck. Umso mehr sind geschlossene Kreisläufe ein Gebot der Stunde – sie helfen sich gegenseitig, lokale und globale Probleme zu lösen.

INFORMATIONEN

Ein geschlossener Kohlenstoffkreislauf hilft, den Stickstoffkreislauf zu stabilisieren. Stickstoffemissionen in Form von Ammoniak, Stickoxiden oder Lachgas können im reichhaltigen Boden zurückgehalten werden. Die reduzierte Auswaschung als Nitrat entlastet die Gewässer.

Die natürlichen Senken-Leistungen werden auf unterschiedlichen Ebenen honoriert: Ehemals verbuschtes Land wird wieder genutzt, Holz wird für unterschiedliche Prozesse eingesetzt, wertvolle Nahrungsmittel werden produziert, es entstehen neue Produktivitätssphären und Arbeitsplätze.

Junge Menschen interessieren sich wieder für das vielseitige Handwerk der alpinen Landwirtschaft, auch deshalb, weil sie so der Sommerhitze des Mittellandes entkommen. Ältere Semester geniessen die artenreichen Wiesen und die von Bäumen durchsetzten Landschaften. Die urbane Bevölkerung schätzt sowohl den lokalen als auch den globalen Nutzen der Berggebiete.

WEITERFÜHRENDE LITERATUR

Hüppi, Roman (2021): Ein Update für den Selbstversorgungsgrad. In: ETH Zukunftsblog, 16. Juni.

Persson, Linn et al. (2022): Outside the Safe Operating Space of the Planetary Boundary for Novel Entities. In: Environmental Science & Technology, 18. Januar.

Schmidt, Hans-Peter / Kammann, Claudia / Hagemann, Nikolas (2020): Kohlenstoff-Senken fürs Klima. In: Ithaka. Journal für Ökologie, Weinbau und Klimafarming, 27. Dezember.

Spengler Neff, Anet (2020): FiBL-Studie zu den Umweltleistungen der Schweizer Berglandwirtschaft. In: Forschungsinstitut für biologischen Landbau FiBL, 17. August.

Bild Seite 23: Alpe Serodano, Valle di Peccia (TI)
Bild Seite 24: Schlatt-Haslen (AI)

Sibylle
Lustenberger
ALPINE «PROSUMER»: VON MENSCHEN, DIE GENERATOREN AM
LAUFEN HALTEN

Kollektiver Eigenverbrauch und genossenschaftliche Stromproduktion versprechen eine nachhaltigere und gerechtere
Energiezukunft. Doch wie können alternative Formen der Stromproduktion funktionieren? Viele Bergbewohnerinnen leben es
uns seit Generationen vor.

Der Föhn ist seit Tagen durchs Tal gefegt. Doch am Abend lässt
das Heulen des Windes langsam nach. Die Kinder schlafen bereits, und
auch Regina zieht sich in ihr Zimmer zurück. Nach dem langen Arbeitstag
ist sie müde. Doch kaum hat sie die Augen geschlossen, stutzt sie. Anstelle des vertrauten, regelmässigen Surrens, das sie Tag und Nacht begleitet,
hört Regina aus dem Keller ein Rumpeln. Dann verstummt das Geräusch.
Sie steht auf, nimmt eine Taschenlampe und steigt in den Keller. Sie hat
es geahnt: Der am hauseigenen Räderwerk angeschlossene Generator ist
ausgestiegen. Seufzend zieht Regina Gummistiefel und Mantel an und geht
vors Haus zum Dorfbach, der gleich an der Hausmauer vorbeifliesst und
das Wasserwerk antreibt. Mit einer Eisenstange öffnet sie den Lattenrost
über dem Bach und säubert den Rechen von angesammeltem Schwemm-
holz und Blättern. Zurück im Keller stellt sie den Generator wieder an.
Ob sich die hier beschriebene Szene so abgespielt hat, weiss
ich nicht. Regina jedoch hat es gegeben. Mit ihren Kindern und Grosskin-
dern sprach ich für mein Forschungsprojekt über lokal kontrollierte Stromproduktion in den Schweizer Alpen. Regina lebte im Haus, das ihr Vater
für sie und ihre Schwestern gekauft und umgebaut hatte. Ihr Vater war es,
der das Kleinkraftwerk im Keller installiert und ihr gezeigt hatte, wie man
den Rechen säubert, den Generator kontrolliert und falls nötig ab- und
anschaltet. Heute befindet sich das Räderwerk im Besitz von Reginas
Kindern. Es produziert nach wie vor Strom für das ganze Haus. Die Wartungsarbeiten hingegen werden heute vom ortsansässigen Energieunternehmen ausgeführt.

DIE VERSPRECHEN VON EIGENVERBRAUCH UND GENOSSENSCHAFTLICHER STROMPRODUKTION

Regina und ihre Kinder bilden einen Zusammenschluss von Eigenverbrauchern, auch «Prosumer» genannt, um den englischen, international verbreiteteren Begriff zu verwenden. Sie produzieren und konsumieren ihren eigenen Strom. Der Begriff «Prosumer» stammt aus dem Jahr 1980 und hat in gegenwärtigen sozialwissenschaftlichen und politischen Debatten rund um die Energiewende Hochkonjunktur. Dies hat verschiedene Gründe. Erstens ermöglichen insbesondere technische Entwicklungen in der Photovoltaik mehr Menschen als je zuvor die Installation hauseigener Kleinstkraftwerke. Zweitens wird erwartet, dass Teilhabe an der Stromproduktion die Akzeptanz der dafür notwendigen Infrastruktur erhöht. Und drittens wird immer deutlicher, dass Energieproduktion allzu oft entlang existierender lokaler und globaler Ungleichheiten verläuft. Minen, Erdölbohrungen, Staudämme und gigantische Windparks zerstören die Lebensgrundlagen bereits marginalisierter Gruppen, während transnationale Konzerne sowie lokale und globale Eliten von hohen Renditen und billigem Strom profitieren. Im Gegenzug versprechen gemeinschaftlich orientierte «Prosumer-Initiativen» und genossenschaftliche Formen der Energieproduktion eine nachhaltigere, demokratischere und gerechtere Energiezukunft. Ihr Nutzen, so die Hoffnung, ist ökologisch, wirtschaftlich und gesellschaftlich. Deshalb gibt es auf europäischer und globaler Ebene verschiedene Institutionen und Organisationen, die den gemeinschaftlichen Besitz und die lokale Kontrolle über die Stromproduktion fordern und fördern.

EIN JAHRHUNDERT ERFAHRUNG IN DEN SCHWEIZER ALPEN

Auch wenn Stromproduktion kontextabhängig ist, sind die Erfahrungen von Regina und ihren Kindern wichtig für diese Bestrebungen, aber auch allgemein für die Debatten darüber, wie die Stromproduktion der Zukunft gesellschaftlich und politisch organisiert werden soll. Sie machen deutlich, dass «Prosumer» im Bereich der Stromproduktion kein neues Phänomen darstellen. Gerade in den Schweizer Alpen fand Elektrifizierung bereits vor über hundert Jahren hauptsächlich dank lokalen Initiativen statt, und Kraftwerke sind noch heute vielfach in lokalem Besitz. Von Menschen wie Regina und ihren Kindern können wir lernen, was es braucht, damit lokal kontrollierte Stromproduktion über mehrere Generationen Bestand hat und ihr Nutzen tatsächlich auch nachhaltig ist.

So stellt sich die Frage nach den institutionellen und rechtlichen Rahmenbedingungen. In Altdorf im Kanton Uri, wo sich die hier geschilderte Geschichte abspielt, hat ein jahrhundertealtes Recht zur unbefristeten und unentgeltlichen Nutzung des Dorfbachs den Betrieb von privaten Kleinstwasserkraftwerken erst möglich gemacht. «Ehehafte Wasserrechte» waren bis vor einigen Jahren an verschiedene Liegenschaften gebunden und wurden im letzten Jahrhundert immer wieder von gerichtlichen und politischen Instanzen anerkannt. Dies war aber nicht eine starre Ordnung. Im Gegenteil: Die Beziehungen zwischen den Wasserwerkbesitzerinnen und der Gemeinde, die Organisation und Verantwortung für Wartungsarbeiten am Dorfbach sowie die Ausgestaltung von Entscheidungsprozessen sind bis heute immer wieder Gegenstand von Verhandlungen und Konflikten. Die Einrichtung einer Zwangsgenossenschaft für die Inhaber der privilegierten Wassernutzungsrechte im Jahr 1940 war zentral, um der Stromproduktion am Dorfbach einen klaren, institutionellen Rahmen zu geben. Die Genossenschaft war Ansprechpartnerin gegenüber der Gemeinde, finanzierte Wartungsarbeiten am Dorfbach und regelte die Beziehung unter den Betreiberinnen der Räderwerke. Mit der kürzlichen Umwandlung der ehehaften Rechte in Konzessionen wurde auch die Genossenschaft aufgelöst.

LOKALES WISSEN – UNSICHTBARE TÄTIGKEITEN

Reginas Geschichte lenkt unsere Aufmerksamkeit auf die Menschen, die die Räder immer weiterdrehen und die Solarzellen-Elektronen in Bewegung halten. Sie bleiben oftmals unsichtbar, arbeiten im Hintergrund und erregen keine öffentliche Aufmerksamkeit, im Unterschied zum Bau eines neuen Staudamms oder zur Errichtung von Wind- und Photovoltaikparks. Und doch sind ihr Wissen und ihre Tätigkeiten – die Säuberung von Rechen oder Photovoltaikanlagen, die Durchführung oder Organisation von Reparaturen, die Teilnahme an Sitzungen – zentral. Die langfristige Nutzung erneuerbarer Energien bedarf der Pflege. Sie basiert nicht nur auf einem Privileg, sondern bringt auch Verantwortung mit sich. Wenn lokal kontrollierte Stromproduktion für fünfzig, hundert oder gar mehr Jahre Bestand haben soll, braucht es Menschen, die immer wieder bereit sind, diese Bürde zu tragen – und die über die nötigen Ressourcen an Zeit, Geld und Wissen verfügen, um dies zu tun.

Die Rolle von intergenerationalen Beziehungen ist dabei nicht zu vernachlässigen. Die Visionen und jahrelange Hingabe vergangener Generationen schaffen emotionale Bindungen und die Verpflichtung, diese Arbeit weiterzuführen. Nachhaltige, lokal kontrollierte Stromproduktion kann und darf auch in Zukunft auf diese Hingabe bauen. Dafür ist es notwendig, dass wir die unscheinbar wirkenden Tätigkeiten und das damit verbundene lokale Wissen sichtbar machen, gesellschaftlich würdigen und institutionell unterstützen. Die Schweizer Bergkantone, ihre Energieunternehmen und Institutionen können hierbei als Vorbilder fungieren.

INFORMATIONEN

In der Literatur und im politischen Diskurs gibt es verschiedene Begriffe, die kollektive Formen der Stromproduktion zum Eigenverbrauch bezeichnen. In der englischsprachigen Literatur wird von «community energy initiatives» oder «collective renewable energy prosumers» gesprochen. In der Schweiz gibt es sowohl Energiegenossenschaften als auch Zusammenschlüsse zum Eigenverbrauch (ZEV), wobei es hierbei um Stromproduktion aus auf Dächern installierten Solaranlagen geht.

Die technischen Entwicklungen im Bereich der Photovoltaik haben dazu geführt, dass insbesondere in Europa Eigenverbrauch und Zusammenschlüsse heute rechtlich geregelt sind. Die EU sowie verschiedene Regierungen (zum Beispiel in Deutschland und Schottland) haben zudem in den letzten Jahren Finanzierungsmechanismen und Subventionen für «energy communities» und Energiegenossenschaften eingerichtet.

Neben den Energiegenossenschaften und Zusammenschlüssen zum Eigenverbrauch sind auch verschiedene Schweizer Energieunternehmen und ihre Kraftwerke im Besitz der jeweiligen Einwohner- oder Bürgergemeinden. Obwohl nicht genossenschaftlich organisiert, ermöglicht diese Besitzstruktur doch ein relativ hohes Mass an lokaler Einflussnahme auf die lokale Stromproduktion. Im Kanton Uri sind diesbezüglich das Elektrizitätswerk Ursern – Gotthardenergie sowie die Gemeindewerke Erstfeld zu nennen.

WEITERFÜHRENDE LITERATUR

Fryberg, Stefan / Elektrizitätswerk Ursern (2002): EW Ursern. Das Werk einer Talschaft, 1902–2002. Andermatt.

Stadler, Pascal / Danioth, Gerhard (2017): Der Dorfbach. Eine Altdorfer Lebensader seit 700 Jahren. Altdorf.

Strebel, Ignaz / Bovet, Alain / Sormani, Philippe (2019): Repair Work Ethnographies. Revisiting Breakdown, Relocating Materiality. Singapore.

Wittmayer, Julia M. / Campos, Inês / Avelino, Flor et al. (2022): Thinking, Doing, Organising. Prefiguring Just and Sustainable Energy Systems via Collective Prosumer Ecosystems in Europe. In: Energy Research & Social Science, 86.

Zumbrägel, Christian (2018): Von Mühlenärzten, Turbinenwärtern und Eiswachen. Instandhaltungen am Technikensemble Wasserkraftanlage um 1900. In: Krebs, Stefan / Schabacher, Gabriele / Weber, Heike (Hg.): Kulturen des Reparierens. Dinge, Wissen, Praktiken, 165–196.

Bilder Seiten 31–34: Kleinkraftwerk am Dorfbach, Altdorf (UR)

Elisabeth
Joris
UNSICHTBAR: FRAUEN IM ALPENRAUM UND IHR BEITRAG AN
DER WIRTSCHAFT

Die Arbeit von Frauen im Alpenraum ist seit Jahrhunderten von
eminenter Bedeutung. Rechtliche Diskriminierung und kli-
schierte Darstellungen frommer Bergbäuerinnen in Tracht
machten diese jedoch kaum wahrnehmbar. Dabei gab es auch
Fotografien, die den Alltag im Berggebiet ohne Überhöhung
festhielten.

Bis in die 1950er Jahre war das Leben vieler Frauen in den Walliser Bergdörfern durch die Land- und Alpwirtschaft bestimmt. Selbst
wenn gewisse Arbeitsbereiche eher von Männern, andere (wie Stall- und
Gartenarbeiten) eher von Frauen ausgeführt wurden, war die geschlech-
terbedingte Arbeitsteilung – von der als weiblich definierten Hausarbeit
abgesehen – dennoch gering. Diese flexible Zuordnung erwies sich als
zentral, um auch unter veränderten wirtschaftlichen und gesellschaftlichen Bedingungen die verschiedenen alpinen Ressourcen zur Existenz-
sicherung der Familie weiterhin bestmöglich zu nutzen.

DIE FRAU HINTER DEM ARBEITER-BAUERN
Nachdem im Laufe des 20. Jahrhunderts eine wachsende Zahl
von Männern aus den Bergdörfern nebst der Landwirtschaft ein zusätzli-
ches Einkommen in den neu im Rhonetal etablierten Grossunternehmen
der Chemie- und Aluminiumindustrie suchten, stieg die Belastung ihrer
Ehefrauen markant. Das gilt insbesondere seit dem Zweiten Weltkrieg
auch für die Bergbäuerinnen, deren Ehemänner und Söhne im Sog des
Strassenbaus und der Errichtung von Staudämmen wie der Grande Dixence
temporäre Anstellungen fanden. Männer verliessen beispielsweise in Ar-
beitsequipen das hoch über dem Tal liegende Dorf Isérables, während die
Frauen weiterhin die Landwirtschaft besorgten. Bei Beginn der Bauten
für den Stausee Mattmark war man im Saas-Almagell vorerst froh, dass
die Männer endlich mal in der Nähe Arbeit fanden, statt dieser in anderen

Seitentälern nachgehen zu müssen. Dass einige Arbeiter während des Baus unter den vom Allalingletscher hinunterdonnernden Eismassen begraben werden würden, ahnte man Ende der 1950er Jahre nicht.

Der vornehmlich auf Viehzucht basierende Landwirtschaftsbetrieb konnte sich dem Rhythmus von Baustelle und Fabrik nicht anpassen. Zweimal täglich mussten die Kühe gemolken und versorgt werden. Die Arbeit aufschieben, bis der Mann von der Schichtarbeit oder aus dem Stollen kam, ging nicht. So stand hinter jedem Arbeiter-Bauern fast immer eine Frau. Die Landwirtschaft wurde für den Arbeiter-Bauern zum «Nebenerwerb», für die Ehefrau blieb sie die Hauptbeschäftigung.

POLITISCH UND RECHTLICH BEDINGTE UNSICHTBARKEIT

Während Politiker, Unternehmen und Medien die Besonderheit der Walliser Arbeiter-Bauern wegen ihrer Verankerung in bergbäuerlichen Traditionen und scheinbarer Immunität gegen sozialistisches Gedankengut lobend hervorhoben, wurden deren Ehefrauen kaum erwähnt, obwohl sie für alle Betroffenen sichtbar die Kontinuität des Betriebs garantierten. Sie blieben wie alle Frauen rechtlich von der Mitbestimmung auf dem Betrieb ebenso ausgeschlossen wie von den über Vereine, Verbände und politische Gremien vermittelten Ressourcen und der aktiven Partizipation in den Korporationen und der Burgerschaft. An den damit verbundenen Ritualen wie dem gemeinsamen «Spiis und Trüch» (Speis und Trank) nahmen sie höchstens als Serviererinnen teil. Auch in den amtlichen Registern tauchen verheiratete Frauen als Betriebsverantwortliche in der Regel nicht auf, weder in den Steuerregistern noch in den landwirtschaftlichen Betriebszählungen – für Historikerinnen eine echte Herausforderung.

Dasselbe gilt für andere Erwerbsbereiche im Alpengebiet. Frauen erbrachten in touristischen Destinationen im Gastgewerbe, in der sich ausdehnenden Parahotellerie oder im Detailhandel entscheidende Leistungen. Als Verheiratete blieben sie auch in diesen Bereichen rechtlich diskriminiert. In den Registern verstecken sie sich meistens hinter den Patentgebühren ihrer Ehemänner, die hier als Eigentümer und Betreiber figurieren – selbst wenn sie im Geschäft kaum anwesend waren oder sich für die Betriebsführung schlicht nicht eigneten. Trotzdem haben sich viele dieser verheirateten Geschäftsfrauen ihrer Tüchtigkeit wegen ins kollektive Gedächtnis eingeschrieben. In unzähligen Anekdoten ist die Erinnerung an sie über ihren Tod hinaus lebendig geblieben.

VERBINDUNG VON TRADITION UND WELTOFFENHEIT
Veröffentlichte Biografien und Porträts gibt es fast ausschliesslich zu Frauen, die aufgrund eines bestimmten Metiers eine ausserordentliche Stellung in der Bevölkerung einnahmen. Einige dieser Frauen bewiesen nebst einem starken Selbstbewusstsein auch offene Widerständigkeit. So wussten sich nicht wenige Hebammen im Dorf gegen Männer durchzusetzen und sich Achtung zu verschaffen. Die um 1915 geborene Hebamme und Bergbäuerin Leni Zenklusen verbrachte nur den Winter in Simplon Dorf, ansonsten lebte sie meist allein auf der Alp hoch über Gondo, las Dostojewski und Tolstoi und reiste zwischendurch auch mal nach Russland. Die nur einige Jahre ältere Hebamme Adeline Favre aus dem Val d'Anniviers fuhr schon in den 1930er Jahren per Auto zu den Gebärenden, wies deren Ehemänner in die Schranken oder band sie in die Arbeit ein. An den internationalen Hebammentagungen – ob in Stockholm, Rom oder Berlin – erschien sie in Tracht, verband Tradition mit Modernität.
Selbst die 1901 geborene und weit über das Walliser Dorf Evolène bekannte Weberin Marie Métrailler kleidete sich in Tracht, auch im Alltag. Gleichzeitig setzte sie sich über patriarchal geprägte Gepflogenheiten hinweg, beugte sich weder der Autorität der Pfarrherren noch anderer lokaler Machtträger und verteidigte aus Solidarität mit Frauen entgegen dem strikten Verbot der katholischen Kirche sogar das Recht auf Abtreibung. Sie galt gleichermassen als spirituelle Weise, die sich sowohl an keltischen Mythen als auch am Buddhismus orientierte, und als innovative

Geschäftsfrau. In dem von ihr eröffneten Webatelier bot sie Frauen aus dem Val d'Hérens die Möglichkeit zur Herstellung von Leinenstoffen und von textilen Produkten wie Decken, Tischtücher oder Kissen, die sie auch in ihrem kleinen Verkaufsladen an der Hauptstrasse von Evolène zum Verkauf an Touristen anbot. Das durch selbstständige Tätigkeit erworbene Geldeinkommen verstand Marie Métrailler als Mittel zur Ablösung der Frauen von patriarchaler Abhängigkeit.

AUCH BILDER KASCHIEREN

Marie Métrailler und Adeline Favre betonten mit dem Kleiden in Tracht ihre Verankerung in der bergbäuerlichen Gesellschaft. Doch im Gegensatz zur modernen Weltoffenheit dieser beiden Frauen verwies die Abbildung von Walliserinnen in Tracht in der Regel auf das Archaische, das Zeitlose. Diese Darstellung war allerdings primär von Künstlern geschaffen worden, die von aussen kamen, wie der Waadtländer Ernest Biéler oder der Neuenburger Edmond Bille. Ihre Bilder zeigen die Walliser Frauen fast ausschliesslich in eng konstruiertem Bezugsrahmen von Geburt und Mütterlichkeit, Waschen am Brunnen, Stricken im öffentlichen Raum über Heuernte, Hüten des Viehs und Aufgang zur Alp auf dem Maultier bis zum frommen Beten, meist in schmucker Sonntags- oder Festtagstracht – nie aber bei schmutziger Arbeit im Stall oder im Haus. Es gibt weder Autos noch Fabrikschlote zu sehen, die Moderne bleibt aussen vor. Nach dem Ersten Weltkrieg in die Werbung für den Sommertourismus integriert, entfaltete diese einseitige Bildproduktion seine Wirkung nach innen und prägte das Eigenbild des Wallis mit. So verdeckte die künstlerische Ikonografie die beschwerlichen Seiten des Alltags und kaschierte die Diskriminierung der Frauen sowie ihre Verwobenheit mit der sich veränderten Umwelt. Sie leistete dadurch zugleich der patriotischen, kommerziellen und folkloristischen Manipulation des Frauenbilds Vorschub.

Die meisten Fotografen kamen wie Biéler und Bille ebenfalls von aussen. Ihre Bilder sind zwar weniger auf Nostalgie ausgerichtet, verwei-

sen unverfälschter auf die strenge Arbeitsbelastung und zeigen die Überlagerung der Zuständigkeiten von Männern und Frauen. Doch bis in die
1950er Jahre widmen sich auch ihre Fotografien vorwiegend der Darstellung von Walliserinnen in dörflichem Umfeld und traditioneller Kleidung.
Als Arbeiter in Fabriken und auf zum Himmel ragenden Staudämmen avan-
cieren Männer dagegen für Fotografen ab den 1950er Jahren zu Reprä-
sentanten der modernen Welt. Umso mehr ist es die Aufgabe von Historikerinnen und Historikern, die Leistungen der Frauen aus alpinen Regionen
aufzuarbeiten. Dabei ist der Rückgriff auf Methoden der Oral History
ebenso unabdingbar wie die vielschichtige Interpretation von Daten und
Bildern sowie das Lesen amtlicher Dokumente gegen den Strich.

FILMHINWEISE

Im Dokumentarfilm der Serie Films Plans-Fixes (1978) «Marie Métrailler – Tisserande d'Evolène» (PF 1007), erzählt die damals weit über die Grenzen des Val d'Hérens bekannte Weberin ein Jahr vor ihrem Tod, sitzend am Tisch in ihrer Stube, über den Arbeitsalltag und die soziale Stellung der Frauen in den Bergdörfern. Dabei evoziert sie auch die Macht der Pfarrer über die Seelen der tiefgläubigen Bevölkerung sowie das Übernatürliche, das ihr zufolge in den lokalen Legenden spürbar bleibt. Sie spricht von ihrer Suche nach Gerechtigkeit und von den positiven wie negativen Auswirkungen der wirtschaftlichen Entwicklungen der Nachkriegszeit auf die Lebensbedingungen im Tal.

Auch der Film «Zeit der Titanen» von Edgar Hagen (2001, Maximage Zürich) thematisiert das Leben in den Walliser Bergdörfern der 1950er und 1960er Jahre. Im Zentrum stehen allerdings vorwiegend Männer, die am Bau der Grande Dixence beteiligt waren. Im Gespräch, meist beim Gang durch das ehemalige Baugelände, erinnern sie sich rückblickend an ihre Erfahrungen als Arbeitskräfte bei der Errichtung des vielverzweigten Stollennetzes und der gigantischen Staumauer, an das Leben in überfüllten Barackensiedlungen, errichtet in einer Urlandschaft aus Fels und Eis. Viele Walliser Arbeiter eines selben Dorfes organisierten sich, liessen sich gemeinsam anstellen und arbeiteten als Equipe. So auch viele Männer aus dem hoch gelegenen Dorf Isérables ob Sion, wo in der Folge die Frauen ihrer Familie die Last der Landwirtschaft fast gänzlich alleine trugen. Besonders schwer betroffen waren jene, deren Ehemänner noch Jahre später an Silikose litten und verstarben. Davon erfährt der Dokumentarfilmer im Gespräch mit einer der hinterbliebenen Ehefrauen.

AUSWAHLBIBLIOGRAFIE

Antonietti, Thomas (1989): De l'inégalité des relations hommes-femmes dans la société rurale du Valais. Sion.

Favre, Adeline (1982): Moi, Adeline, accoucheuse. Sierre.

Guzzi-Heeb, Sandro (2006): Ein industriefeindliches Volk? Die besonderen Voraussetzungen und Merkmale der Industrialisierung im Wallis. In: Bellwald, Werner / Guzzi-Heeb, Sandro (Hg.): Ein industriefeindliches Volk? Fabriken und Arbeiter in den Walliser Bergen. Baden, 411–448.

Joris, Elisabeth (2021): Staudamm Mattmark – vielfältig involvierte Frauen. Eine geschlechterspezifische Annäherung an die Grossbaustelle in den Alpen. In: Kuhn, Konrad et al. (Hg.): ZwischenWelten. Grenzgänge zwischen Geschichts- und Kulturwissenschaften, Geschichtsdidaktik und Politischer Bildung. Münster / New York, 63–79.

Joris, Elisabeth (2016): Tunnelbau und Grossindustrie im Oberwallis. Eine Geschichte von Männern und Frauen. In: Lorenzetti, Luigi / Valsangiacomo, Nelly (Hg.): Alpen und industrielles Erbe, Kultur und Erinnerung, 19.–20. Jahrhundert. Mendrisio, 23–54.

Lorenzetti, Luigi (2012): Ruralité, industrie et formes de pluriactivité. Une approche comparative. Valais (Suisse) et Valteline (Italie), 1860–1930. In: Histoire, économie et société 3, 67–85.

Morand, Marie Claude (1992): Notre beau Valais – Le rôle de la production artistique «étrangère» dans la construction de l'identité culturelle valaisanne. In: Groupe valaisan de sciences humaines (Hg.): Le Valais et les étrangers, XIXe–XXe. Sion, 191–246.

Pralong, Régine (2011): L'ouvrier-vigneron d'Alusuisse. In: Van Dongen, Luc / Favre, Grégoire (Hg.): Mémoire ouvrière. Ouvriers, usines et industrie en Valais. À la croisée de l'histoire, de la mémoire et de l'art. Sierre, 57–75.

Société d'histoire du Valais romand SHVR (Hg. 2017): L'histoire des femmes en Valais. In: Annales valaisannes 2017. Martigny.

Vouilloz Burnier, Marie-France (2009): A l'ombre de la Dixence. Vie quotidienne des femmes dans l'arc alpin. Sierre.

Bild Seiten 40/41: Mühlebach, Goms (VS)

Boris
Previšić

ALPINE PHOTOVOLTAIK: LÄSST SICH DAS LOKALE MIT DEN PLANETAREN GRENZEN VERBINDEN?

Angesichts der Klimaerwärmung sollen die Alpen neben der Wasserkraft einen zusätzlichen Beitrag an die Dekarbonisierung der Energiegewinnung leisten. Wie gehen wir damit um? Ein Augenschein im Saflischtal der Oberwalliser Gemeinde Grengiols wirft die Fragen auf, denen wir uns zu stellen haben.

Gerade nimmt in diesem Juli 2022 die Hitzewelle ganz Europa in Beschlag. Immerhin war es hier in der Höhe im Bergdorf Binn über Nacht so kühl, dass ich mich erholen konnte und nun bereit bin für den Aufstieg aufs Breithorn. Mein Tagesziel ist der Südhang vom Saflischtal auf dem Gebiet der Gemeinde Grengiols. Hier ist die grosse Photovoltaikanlage geplant, die sich über fünf Quadratkilometer erstrecken und schliesslich mit bis zu zwei Terawattstunden pro Jahr die Leistung der Grand Dixence aufweisen soll.

Damit würde dieses Projekt einen wesentlichen Beitrag zur Dekarbonisierung der Schweizer Energieversorgung leisten. Ende Winter sind die Stauseen leer, und es droht eine Stromlücke, weil es der Schweiz weiterhin nicht gelungen ist, mit der EU ein Stromabkommen zu ratifizieren. In diesem kritischen Zeitfenster erreicht die Jahresproduktion aus alpiner Photovoltaik dank reflektierendem Schnee, bifazialen und senkrecht aufgestellten Panels, klarer und kalter Luft und vielen Sonnenstunden ihren Peak, während im Mittelland auf vergleichbarer Fläche nur ein Bruchteil davon produziert werden kann. Zehn solche alpine Photovoltaikanlagen wie in Grengiols – kombiniert mit einem konsequenten Ausbau von Solaranlagen in den übrigen Regionen – würden die Versorgungslage mit Strom in der Schweiz entspannen, und es wären keine mit Erdgas betriebenen Notaggregate notwendig, welche die fossile Pfadabhängigkeit nochmals verstärken würden.

So läge für die planetare Grenze der Klimaerwärmung eine lokale Lösung bereit. Nur: Schütten wir damit nicht das Kind mit dem Bade aus? Denn weitere wichtige planetare Grenzen im Alpenraum tangieren nicht nur die Klimaerwärmung – mit immer intensiver werdenden Wetterereignissen wie Hitze, Überschwemmungen und Dürren –, sondern auch die Überdüngung – durch zu viel verfügbaren Stickstoff, der aus der intensiven Landwirtschaft von der Po-Ebene und dem Mittelland innert Stunden hierher verfrachtet wird – und Landnutzungsänderungen vorab in den alpinen Ressorts. Alle drei Herausforderungen bringen die Biodiversität noch weiter unter Druck.

GEFÄHRDETE BIODIVERSITÄT ODER ENERGIEBRACHE?
Mit diesem Gedanken im Kopf erreiche ich langsam die Waldgrenze und treffe auf eine Heidelbeerpflückerin. Ja, noch nie seien die Beeren so früh reif gewesen wie in diesem Jahr. Gott sei Dank, noch vor der grossen Trockenheit, welche die Ernte gefährden würde. Verpasst habe man es, mit dem CO_2-Gesetz die Weichen zu stellen. Ich grüble weiter, weiss nicht, ob dieses Gesetz denn auch wirklich gereicht hätte, die Schweiz auf Klimakurs zu bringen. Aber ein wichtiger Meilenstein wäre es gewesen, wendet sie ein – zu Recht. Ich ziehe weiter an der Saflischmatta vorbei – hoch ins Gelände – und bin beeindruckt von den Blumenwiesen.

Bereits unten im Tal kündigte mir der Oberwalliser Alpenspezialist, Sagenerzähler und einstiger CIPRA-Präsident an, es gebe hier oben Dutzende Pflanzen von der Roten Liste. Die junge Biologin und zukünftige Landwirtin aus Grengiols stimmte ihm zu. Selbst auf Edelweiss würde ich treffen. Nun gut, es gibt ja noch seltenere Pflanzen. Und von ihnen gibt es zuhauf, wie ich vor Ort feststelle.

Gleichzeitig liegt mir der Wortlaut des Projektinitiators aus Brig noch in den Ohren, es handle sich hier um kein richtig gut nutzbares Weideland. Zu viel rutsche auf diesem Untergrund mit Bündner Schiefer immer wieder ab. Es sei schlichtweg zu karg und zu trocken im Sommer. Dagegen der Alpenspezialist: Das Gelände sei insgesamt zu instabil, teilweise zu steil, sodass es mit den bifazialen Pannels schwierig sei, einen höheren

Ertrag zu gewinnen. Ein geologisches Gutachten würde das Projekt wahrscheinlich gleich begraben.

Ich selbst bleibe im Gelände überwältigt von der Vielfalt dieses Südhangs. Es stimmt: In der oberen Hälfte dominieren karge Schieferpartien mit Pionierpflanzen, während sich an den übrigen Orten sanfte Grashänge mit abgerutschten Hangpartien abwechseln. Das Saflischtal steht nicht einmal im Bundesinventar der Landschaften und Naturdenkmäler von nationaler Bedeutung (BLN), und ich bin auch kein Experte für Biodiversität. Aber ich bin trotzdem beeindruckt von den vielen Insekten, von Heuschrecken über Schmetterlinge und Fliegen bis zu Hummeln und Bienen. Gleichzeitig weiss ich, dass das heisse Wetter, verbunden mit lang anhaltender Trockenheit, bald eine braune Wüste hinterlassen wird.

VERSUCHSANORDNUNGEN FÜR EIN
‹GUTES ANTHROPOZÄN›
Eigentlich gäbe es hier genügend Stoff für eine breite Palette an Versuchsanordnungen: Würde eine partielle Verschattung durch die Panels das Austrocknen im Sommer zumindest ein wenig abbremsen und so die Vegetation in den Herbst hinüberretten? Alpine Pflanzen sind Meister im Finden des geeignetsten Platzes. Zudem ist bekannt, dass ein coupiertes Gelände die Biodiversität erhöhen würde. Vielleicht könnte man die Panels – wie das bereits in der Agrivoltaik gemacht wird – ohne Fundamente verankern und auf Lärchenpfählen hoch genug aufständern, damit die Anlage nicht im Schnee versinkt und die Kühe problemlos darunter weiden können. Wäre es allenfalls möglich, die Anordnung der Panels dynamisch ans Gelände anzupassen? Dank Digitalisierung braucht es ja keine industrielle Gleichförmigkeit mehr.

Ich träume von einer vom Menschen kleinräumig mitgestalteten Biodiversität innerhalb dieser nachhaltigen Energieproduktion. Ich träume einen differenzierten ökomodernistischen Traum, in dem der Mensch ein gutes Anthropozän zu schaffen weiss, wie es ihm früher bei der

offenen alpinen Kulturlandschaft gelungen ist. In dieser einsamen Landschaft – abgesehen von einem Biker, den ich unter dem Breithorn kreuze –
spinne ich die Gedanken fort.

PROVISORIUM AUS ÜBERZEUGUNG

Oder wäre ein solcher Eingriff in diese isolierte Geländekammer
dennoch massiv? Photovoltaik ist zwar flächenintensiv, benötigt aber nur
einen Bruchteil der Landwirtschaftsfläche für Biotreibstoffe. Die Entschei-
dung, wie und wo wir die alpinen Flächen für Photovoltaik platzieren, damit wir die notwendige Fläche auch wirklich erreichen, ist darum eminent
wichtig. Infrastrukturbauten allein genügen nicht. Sollen es ein paar wenige grossräumige Projekte sein, oder sollen Skigebiete mit Panels durchsetzt werden? Oder gar eine Kombination davon? Es ist an der Zeit, dass
wir nicht für die Ewigkeit bauen. Ein Provisorium reicht, das man in ein paar
Jahrzehnten wieder zurückbauen kann.

Vielleicht hat man bis dann andere, weniger flächenintensive
Energieträger so weit entwickelt, dass sie wirtschaftlich nutzbar sind. Sie
sollten nicht nur unseren Bedarf decken, sondern auch die Atmosphäre
sanieren, indem sie den atmosphärischen Treibhausgasanteil massiv reduzieren würden. Es zögen wieder kühlere Sommer ins Land, falls bis dann
nicht unwiederbringliche Kipppunkte erreicht worden sind.

TOSENDES GLETSCHERWASSER

Bei meinem Abstieg bis Heiligkreuz am Ende des Saflischtals
quält mich die Frage, in welcher Form die Alpen ihren Beitrag zur Eindäm-
mung der Klimaerwärmung zu leisten haben, wenn sie gleichzeitig mit
ihrer Biodiversität, aber auch als Wasserschloss für die umliegenden Regionen erhalten bleiben sollen. Im Moment stehen die Zeichen auf Sturm.
Wie ich aus der Twingischlucht heraustrete und an die Rhone gelange,
empfängt mich ein ohrenbetäubendes Rauschen: milchiges Wasser vom
Rhone- und Fieschergletscher stürzt ins Tal – und dies unwiederbringlich.

INFORMATIONEN

Das Konzept der Planetaren Grenzen wurde von einer grossen Forschungsgruppe rund um den Resilienzforscher Johan Rockström 2009 erstmals vorgestellt. Dieses Konzept wurde inzwischen weiterentwickelt und ist hilfreich, um den Handlungsbedarf aufzuzeigen in Bezug auf die Klimaerwärmung und die direkt damit verbundene Ozeanversauerung sowie hinzuweisen auf ebenso gravierende, wenn nicht gravierendere Probleme, die sich aus einer Gesamtsicht ergeben. Dazu gehören u. a. die Stoffzyklen von Phosphor und Stickstoff und vor allem die stark gefährdete Integrität der Biodiversität.

Im Rahmen der Stiftung Alpines Energieforschungscenter AlpEnForCe (Disentis) und des Urner Instituts Kulturen der Alpen (Altdorf) ist die interdisziplinäre Studie «Alpenstrom jetzt» entstanden, um einen qualifizierten Beitrag aus der Modellierung von alpinen Photovoltaikanlagen (Marius Schwarz, ETH Zürich), aus deren notwendigen rechtlichen Rahmenbedingungen (Markus Schreiber, Universität Luzern), regulatorischen Massnahmen (Léonore Hälg, ehemals ETH/ZHAW) und Investitionsbedingungen (Florian Egli, ETH Zürich) zu leisten. Eine neue und umfassendere Studie erscheint Anfang 2024 unter dem Titel «Alpenstrom für eine klimapositive Schweiz – Versorgungssicherheit, lokale Wertschöpfung und Biodiversität dank alpiner Stromproduktion, Energiespeicherung und Kohlendioxidrückbindung im nationalen und europäischen Rahmen».

Im Bundesinventar der Landschaften und Naturdenkmäler von nationaler Bedeutung (BLN) sind die wertvollsten Landschaften aufgeführt, um die für die Schweiz charakteristische Vielfalt zu schützen. Dabei werden die natürlichen und kulturellen Werte in Verbindung gebracht, um den sorgsamen Umgang mit erhaltenswerten Erholungs- und Identifikationsräumen und deren touristische Wertschöpfung zu fördern. Während das Binntal innerhalb der Gemeinde Binn ins Bundesinventar Eingang gefunden hat, ist das für das gegenüberliegende Saflischtal der Gemeinde Grengiols nicht der Fall. Diesen Unterschied erklären weniger die natürlichen als vielmehr die historischen Voraussetzungen.

WEITERFÜHRENDE LITERATUR

Urner Institut Kulturen der Alpen / AlpEnForCe (Hg. 2022): Alpenstrom jetzt! Disentis / Altdorf.

Rockström, Johan et al. (2009): Planetary Boundaries. Exploring the Safe Operating Space for Humanity. In: Ecology and Society 14.

Rohrer, Jürg (2022): Photovoltaik in den Alpen: Zentraler Baustein für die Energiewende. In: Syntopia Alpina, 4.10.2022 (www.syntopia-alpina.ch).

Bild Seite 49: Die Südhänge des Saflischtals (VS)
Bild Seite 50: Alpe Furggen, Saflischtal (VS)

Annina
Boogen
ERNEUERBARE ENERGIEN IM
ALPENRAUM: PARTIZIPATIVE PROZESSE
NEU DENKEN
58

Kurt
Gritsch
ARBEITEN, WO ANDERE URLAUB
MACHEN – EINE MIGRATIONS-
GESCHICHTE
65

Eva-Maria
Müller
GESCHICHTEN VOM GIPFELLOSEN UND
IHRE FRAGEN AN DIE ALPINE ZUKUNFT
73

Loredana
Bevilacqua
Daniel
Speich Chassé
ALPINE LANDWIRTSCHAFT: AM RAND
DER DIGITALISIERUNG?
80

NUTZEN
BENUTZEN
HEGEN
PFLEGEN

In Absetzung zur Kategorie des NUTZENS schränkt die Vorsilbe «be-» das Bedeutungsfeld von BENUTZEN ein. Es wird nicht nur enger gefasst, sondern zielt auch nur noch in eine Richtung. Unser Verhältnis zu «Mitwelt» ist auf den Gebrauch ausgerichtet, indem wir uns «Dinge» aneignen und dabei die volle Verantwortung für das Benutzte und für die Art und Weise des Benutzens zu übernehmen haben. Seit Menschengedenken benutzen wir den Planeten mit seinen belebten und unbelebten Ressourcen von der Nutztierhaltung bis zur Erzförderung. Die Ressourcen selbst gehen durch ihre Benutzung unwiederbringlich verloren. Das Netzwerk kann sich nicht selbst erneuern, sondern ist darauf angewiesen, dass wir es von uns aus wiederherstellen, indem wir es pflegen.

Wir laufen ständig Gefahr, unsere «Mitwelt» nur noch als blosse «Umwelt», die uns nicht gross betrifft und somit zu etwas für uns Peripheres und Unwichtiges wird, zu instrumentalisieren. Deshalb ist der Zweck, um dessen willen wir etwas BENUTZEN, genau zu definieren und bewusst zu machen. Selbst im utilitaristischen Verständnis hat das BENUTZEN möglichst vielen zu dienen. Dabei geht es um weit mehr als um den hedonistischen Eigengebrauch einer Menschengeneration. Stehen Wohlergehen und letztlich Überleben der gesamten Biosphäre in seiner ausdifferenzierten Funktionalität im Fokus, so verstehen wir uns in einem Beziehungsgeflecht mit allen Wesen auch zukünftiger Generationen.

Dabei sind die Alpen lehrreich, denn sie stehen exemplarisch für den Umgang mit dem ganzen Planeten: Wir BENUTZEN diesen Raum zwar intensiv – und dies seit Generationen. Doch im Wissen darum, dass wir ihn auch für das Wohlergehen zukünftiger Generationen zu erhalten haben, ist das Mass unserer Benutzung zu bestimmen. Im Unterschied zum NUTZEN innerhalb der global ausgelegten planetaren Grenzen steht das BENUTZEN der Alpen im Verhältnis zur lokalen Erosions- und Technisierungsrate, aber auch zu lokalen sozialen Realitäten und Möglichkeiten. So sinnvoll die erneuerbare Energieproduktion, so erholsam der Tourismus, so spektakulär der Alpinismus und so effizient die Digitalisierung im Alpenraum auch sein mag, so sehr bestimmen die spezifischen Faktoren dieses Raums seine Nachhaltigkeit für zukünftige Generationen.

Annina
Boogen

ERNEUERBARE ENERGIEN IM ALPENRAUM: PARTIZIPATIVE PROZESSE NEU DENKEN

58

Das Energiepotenzial im alpinen Raum ist gross – ob die technisch machbaren Lösungen aber umgesetzt werden können, hängt von der öffentlichen Wahrnehmung der Bürgerinnen ab. Daher braucht es neben einer planerischen Partizipation auch eine finanzielle und sinnliche Teilhabe der Bevölkerung.

Um die öffentliche Wahrnehmung von erneuerbaren Energieinfrastrukturen zu messen, verwenden Forschende das Konzept der «sozialen Akzeptanz». Vom Energieinfrastrukturbau in den Alpen sind diverse Gruppen direkt und indirekt betroffen, die wissenschaftliche Literatur spricht jedoch vor allem von zwei Bevölkerungsgruppen: Menschen, die vor Ort wohnen, und Menschen, die ihre Freizeit dort verbringen.

WIE WIRD ENERGIEINFRASTRUKTUR WAHRGENOMMEN?
Von den vielfältigen Faktoren, die die Wahrnehmung beider Gruppen beeinflussen, möchte ich einen herausgreifen: die Vertrautheit. Überraschenderweise steht das Wohnen in der Nähe einer Windturbine oder der Aufenthalt in der Nähe einer solchen im Zusammenhang mit einer höheren «sozialen Akzeptanz». So würden 69 % der Einwohnerinnen und Einwohner in einer kanadischen Gemeinde mit Windrädern für lokale Windturbinen stimmen, aber nur 25 % in einer Vergleichsgemeinde ohne Windräder. Was bedeutet das im Hinblick auf den Faktor Vertrautheit? Nehmen Menschen, die nur eine imaginäre Vorstellung von Windrädern haben, aber nie eines von Nahem gesehen haben, eine ablehnendere Haltung ein? Auf jeden Fall greift das altbekannte «Not in my backyard» (NIMBY) definitiv zu kurz. Selbstverständlich müssen nebst der passiven Akzeptanz auch aktive Reaktionen wie Unterstützung und Widerstand untersucht werden. Wie neuere Studien zeigen, ist eine unzureichende öffentliche Teilhabe eine der Ursachen für erfolglose Projekte. Umso wichtiger, dass Energieinfrastrukturplanung als partizipativer Prozess gestaltet wird.

NETTO-NULL, ABER WIE?

Im August 2019 beschloss der Bundesrat das Netto-Null-Ziel für 2050. Die Schweiz soll bis dann nicht mehr Treibhausgase ausstossen als natürliche und technische Speicher aufnehmen können. Der Einsatz von fossilen Energien soll so weit wie möglich auf null gebracht werden, durch Energieeffizienz und durch den Umstieg auf nachhaltige Energieformen. Für die Dekarbonisierung wird Elektrizität eine Schlüsselrolle spielen – die Stromproduktion aus erneuerbaren Energien muss daher rasch ausgebaut werden.

Die «Energieperspektiven 2050+» legen dar, was dies bedeutet: Während die Windenergieerzeugung von heute 0,1 Terawattstunden (TWh) auf 4,3 TWh im Jahr 2050 steigen soll, wird für Photovoltaik (PV) ein Anstieg von 2,2 TWh auf 33,6 TWh prognostiziert. Hier spielt aber nicht nur die Grösse der neuen Anlagen eine Rolle, sondern auch die geografische Verteilung. Viele der neuen Windkraft- und PV-Anlagen werden dort gebaut, wo das Potenzial am grössten ist – für Wind sind das der Jura, die Alpen und die Voralpen. Bei PV-Anlagen muss neben allen bebauten Flächen auch die Saisonalität mitbedacht werden: PV-Anlagen im Mittelland weisen einen Winterstromanteil von rund 25 % aus, bei alpinen Freiflächenanlagen wächst dieser auf bis zu 56 % an. Daher sind die Alpenregionen unverzichtbare Akteure für das Netto-Null-Ziel. Der Bau solcher Anlagen hat einerseits ökologische Folgen, führt aber auch zu einem tiefgreifenden Wandel der alpinen Landschaft: Einerseits ist sie geprägt von einem touristischen Wunschbild ruraler Idyllik, Wildnis und Freizeitpark; andererseits handelt es sich um Räume, die divers und intensiv genutzt werden – nicht nur vom Tourismus, sondern auch von der Land- und Forstwirtschaft sowie für die Energieproduktion. Sie sind also eine knappe Ressource, wobei das Netto-Null-Ziel hier den Raumnutzungskonflikt noch verschärft.

Dieser Konflikt, der zwischen verschiedenen Nutzungsformen und dem Bewahren der Landschaften besteht, kann nur in einem sozialen und gerechten Aushandlungsprozess unter Einbezug der Gesellschaft gelöst werden.

FINANZIELLE TEILHABE – DIE SICHT EINER UMWELTÖKONOMIN

Partizipation kann auch als finanzielle Teilhabe gestaltet werden. In Dänemark wird zum Beispiel ein fester Anteil der Investitionen sowie des Eigentums an neuen Stromproduktionsanlagen für die Standortgemeinde und die Anwohnerinnen reserviert. Auch können Mitbestimmungsrechte über die Besitz- und Organisationsform verankert werden, indem Bürgerinnen-Beteiligungsprojekte als Genossenschaften organisiert werden. Die lokale Politik könnte festlegen, dass möglichst alle Arbeiten – wie zum Beispiel der Bau einer Zugangsstrasse – von lokalen Firmen ausgeführt werden müssen, um die lokale Wertschöpfung zu maximieren. Eine weitere Idee wäre, eine Ressourcenrente für Wind- und PV-Anlagen im alpinen Raum einzuführen, analog zum Wasserzins, der Berggemeinden und -kantone für die Wassernutzung entschädigt. Die Stromproduzentinnen würden dann einen Beitrag an die Gemeinden für die Nutzung der Landschaft zahlen. Natürlich spielen bei partizipativen Prozessen nicht nur materielle Faktoren eine Rolle, weshalb auch eine frühe planerische Partizipation beispielsweise bezüglich der Standortwahl wichtig ist.

SINNLICHE TEILHABE – DIE SICHT EINER KÜNSTLERISCHEN FORSCHERIN

Weil Wahrnehmung auch immer sinnliche, körperliche Wahrnehmung bedeutet, verwende ich in meiner forschenden Praxis bevorzugt den Begriff «Wahrnehmung» statt «soziale Akzeptanz». Hier möchte ich auf die Vertrautheit zurückkommen. Die «Erneuerbarkeit» und damit auch die Qualität von Strom aus der Steckdose können wir nicht beobachten und daher zu Hause auch nicht direkt erfahren. Aber wir sind in unserem Alltag immer «ferngekoppelt» (englisch «telecoupled») mit Orten, wo Strom produziert wird: dem Wasserkraftwerk in Göschenen, der PV-Anlage in Davos und dem Windrad auf dem Gotthard. Versuchen wir doch, eine Verbindung zu schaffen zwischen Steckdose und Kraftwerk, die über reine Imagination hinausgeht, indem sie auf Vertrautheit und eigene Erfahrung baut: Aus meiner Sicht sollten das Erfahrungen sein, die körperlich sind. Wenn ich die 600 Höhenmeter zum Göscheneralp-Staudamm erwandern muss oder die Windturbine auf dem Gütsch höre, bevor sie hinter der Kuppe in Erscheinung tritt, kann Vertrautheit durch persönliche Erfahrung entstehen. Können so erneuerbare Energieanlagen zu touristischen Attraktionen werden, wo die Verbindung von Steckdose und Kraftwerk spürbar und erfahrbar wird? So, wie Staudämme in den 1950er Jahren zu Sehenswürdigkeiten wurden? Sinnliche Erfahrungen werden nicht den Schlüssel zur Energietransformation darstellen. Indem sie Menschen eine neue und sichtverändernde Perspektive und gemeinsame Erfahrung bieten, können sie aber massgeblich zu neuen und anderen Diskussions- und Vorstellungsweisen beitragen – zu dringend benötigten Anstössen für den gesellschaftlichen Aushandlungsprozess.

WAS KANN DIE POLITIK TUN, UM PARTIZIPATIONS-PROZESSE ZU FÖRDERN?

Politikerinnen müssen sich bewusst werden, dass Teilhabe nicht nur Informationsaustausch oder demokratische Mitbestimmung durch Abstimmung bedeutet. Vielmehr müssen auch andere und neue Formen der Teilhabe integriert werden, sei es durch die Schaffung von rechtlichen Rahmenbedingungen für finanzielle Partizipation oder durch das Aktivieren eines Engagements von Bürgerinnen und Bürger für Energiethemen. Dafür muss Energie jedoch er-lebbar, er-spürbar und er-fahrbar gemacht werden – und zwar nicht in verstaubten Ausstellungen, sondern in den Landschaften selbst.

INFORMATIONEN

Die «Energieperspektiven 2050+» wurden Ende 2021 vom Bundesamt für Energie (BFE) veröffentlicht. Sie analysieren in verschiedenen Szenarien die Entwicklung des Energiesystems, welche mit dem langfristigen Klimaziel von Netto-Null Treibhausgasemissionen im Jahr 2050 kompatibel sind und gleichzeitig eine sichere Energieversorgung gewährleisten.

Die mittlere Jahresproduktion des Grande-Dixence-Wasserkraftwerks entspricht rund 2 Terawattstunden (TWh).

Die Schweizerische Energiestiftung (SES) publizierte im Jahr 2021 eine Studie (mit dem Titel «Politikinstrumente zur Förderung der Bürger-Energiewende – Erfahrungen aus fünf europäischen Ländern und Vorschläge für die Schweiz), welche Erfahrungswerte von Projekten mit direkter Beteiligung von Bürgerinnen an erneuerbaren Stromproduktionsanlagen zusammenträgt. Daraus werden Empfehlungen für die Schweiz abgeleitet.

Der relativ junge Begriff «telecoupling» bezeichnet eine Strategie, die sowohl die sozio-ökonomischen als auch die ökologischen Auswirkungen der Interaktionen umfassend analysiert, zwischen weit entfernten, gekoppelten, menschlichen und natürlichen Systemen. Ursprünglich stammt er aus der Geografie beziehungsweise den Umweltnaturwissenschaften.

WEITERFÜHRENDE LITERATUR

Batel, Susana / Devine-Wright, Patrick / Tangeland, Torvald (2013): Social Acceptance of Low Carbon Energy and Associated Infrastructures. A Critical Discussion. In: Energy Policy 58, 1–5.

Baxter, Jamie / Morzaria, Rakhee / Hirsch, Rachel (2013): A Case-Control Study of Support / Opposition to Wind Turbines. Perceptions of Health Risk, Economic Benefits, and Community Conflict. In: Energy Policy 61, 931–943.

Dällenbach, Nathalie / Wüstenhagen, Rolf (2022): How Far Do Noise Concerns Travel? Exploring How Familiarity and Justice Shape Noise Expectations and Social Acceptance of Planned Wind Energy Projects. In: Energy Research & Social Science 87, 102300.

Firestone, Jeremy / Kirk, Hannah (2019): A Strong Relative Preference for Wind Turbines in the United States Among Those Who Live Near Them. In: Nature Energy 4, 311–320.

Ryghaug, Marianne / Skjølsvold, Tomas Moe / Heidenreich, Sara (2018): Creating Energy Citizenship Through Material Participation. In: Social Studies of Science, 48 (2), 283–303.

Segreto et al. (2020): Trends in Social Acceptance of Renewable Energy Across Europe. A Literature Review. In: International Journal of Environmental Research and Public Health 17, 9161.

Valsangiacomo, Nelly / Mathieu, Jon (2022): Sinneslandschaften der Alpen. Fühlen, Schmecken, Riechen, Hören, Sehen. Wien.

Vuichard et al. (2019): Individual or Collective. Community Investment, Local Taxes, and the Social Acceptance of Wind Energy in Switzerland. In: Energy Research & Social Science 58, 101275.

Wüstenhagen, Rolf / Wolsink, Maarten / Bürer, Mary Jean (2007): Social Acceptance of Renewable Energy Innovation: An Introduction to the Concept. In: Energy Policy 35 (5), 268–269.

Bild Seite 59: Barrage d'Emosson, Finhaut (VS)
Bild Seite 60: Lago Ritóm, Quinto (TI)

Kurt
Gritsch
ARBEITEN, WO ANDERE URLAUB MACHEN –
EINE MIGRATIONSGESCHICHTE

Migration und Tourismus sind zwei Seiten derselben Medaille.
Bisher sind sie noch kaum auf ihre Gemeinsamkeiten und Ver-
bindungen hin untersucht worden – doch ihre Erforschung bietet überraschende Erkenntnisse.

Migration ist ein Grundpfeiler der Menschheitsgeschichte. Es
gibt keinen historischen und geografischen Raum ohne Migration. Ent-
sprechend war auch der Alpenraum seit jeher von Mobilität geprägt. Und
während das Narrativ der angeblich sesshaften Bergbevölkerung schon
längst als Mythos entlarvt ist, hat die Forschung auch die These wider-
legt, wonach die Alpen nur Abwanderungsgebiet waren. Zwar sind Söld-
ner, Zuckerbäcker oder Schwabengänger dafür bekannte Beispiele. Doch
Bergbau, Reformation oder Baugewerbe führten – oft zeitgleich – zu Zuwanderung. Unbestritten ist, dass die Geschichte der Alpen auch eine
Migrationsgeschichte ist.
          Ein jüngerer Aspekt dieser Migrationsgeschichte tritt dabei erst
jetzt ins Bewusstsein: Migration im Kontext der Tourismuswirtschaft. Letztere wurzelt in den Gaststätten für Reisende einerseits und der Tradition
der Heilbäder andererseits. In der Mitte des 19. Jahrhunderts entsteht daraus der moderne Tourismus. Er vermietet Adeligen und reichen Bürgerinnen für einen mehrwöchigen Aufenthalt eine eingerichtete Natur, medi-
zinische Pflege und Kur sowie den Luxusstandard von Prunkschlössern.
Doch dafür braucht es Arbeitskräfte – eine hohe Mobilität und Migration
sind die Folge.

ZWISCHEN FERIENAUFENTHALT, MULTILOKALEM
WOHNEN UND SAISONALEM ARBEITEN
Während die einen für Wochen oder manchmal Jahre in die
Feriendestination zogen, sich dort in ein Hotel einquartierten oder einen
Zweitwohnsitz erwarben, folgten andere dem Ruf nach Arbeitskräften, die

in eben diesem neuen Wirtschaftszweig gebraucht wurden. Unterstützt wurde diese Entwicklung durch das Einsetzen von überregionalen Finanzströmen, die zum Zweck der Profitgenerierung ins neue Geschäftsmodell des Alpentourismus gelenkt wurden.

Massgeblich war einerseits die infrastrukturelle Erschliessung der Alpen durch Kutschen und später die Eisenbahn, andererseits die Erzählung, auf welcher der Tourismus in Bergdestinationen bis heute fusst: das im Kontrast zur Realität stehende Narrativ von der unberührten Natur als Erholungsraum. Die Alpen als Paradies waren erfunden. Modernität wurde zur «Heimat-Inszenierung» (Thomas Barfuss), und die Mobilität erhielt einen wichtigen Impuls, da die Berge nun Sehnsuchtsort und Wirtschaftsraum in einem waren. Mit dieser Benutzung der Alpen als Erholungsraum wurde eine Entwicklung in Gang gesetzt, die mit einer nachhaltigen Nutzung der Ressourcen kaum in Einklang zu bringen war und ist.

TOURISMUS FÜHRT ZU MIGRATION: ENGADIN, ARLBERG, SÜDTIROL IM VERGLEICH

Migration ist im Engadin, am Arlberg und in Südtirol schon vor dem Beginn des Tourismus nachweisbar. Aber während viele Jahrhunderte die Abwanderung überwog, führte das Aufkommen der Grandhotels der Belle Époque zu deutlicher Zuwanderung – in St. Moritz steigt die Bevölkerungszahl von 228 im Jahr 1850 auf 3197 im Jahr 1910, in Meran verdreifacht sie sich in dieser Zeit. In Lech, dessen Bevölkerung von 469 Menschen im Jahr 1810 auf 339 im Jahr 1900 schrumpft, setzt die touristische Entwicklung erst nach dem Ersten Weltkrieg ein. Dort verdoppelt sich die Einwohnerzahl allein zwischen 1923 und 1934 auf insgesamt 751 Menschen.

Die Rekrutierung von Arbeitskräften wiederum ist in den drei Orten unterschiedlich: Während das weite Einzugsgebiet der Habsburgermonarchie Menschen aus Böhmen, Ungarn oder Slowenien nach Meran

oder aus dem Trentino nach Vorarlberg führt, aktiviert das Migrations-
regime im Engadin andere Provenienzen (Schweiz, Italien, Frankreich).
Zudem ist dort der Anteil saisonal beschäftigter Bündner mit zwischen-
zeitlicher Rückkehr ins Heimatdorf hoch. Weil der Tourismus die Alpen
ressourcenintensiv als Wirtschaftsmodell benutzt, transformierte die
durch ihn hervorgerufene Migration die Orte. Ressourcen wie Böden gin-
gen durch Verbauung verloren, Eisenbahntrassen und Strassen veränderten die Landschaft unwiederbringlich.

PRIMÄRE, SEKUNDÄRE UND TERTIÄRE TOURISTISCHE ARBEITSMIGRATION

Die primäre touristisch bedingte Arbeitsmigration der Hotelan-
gestellten wurde um eine sekundäre ergänzt, denn Tourismusorte zogen
auch Freiberufler aus dem Gesundheitswesen (Kurärzte, Masseurinnen,
Therapeuten), der Unterhaltungsbranche (Salonmusiker, Theaterkünst-
lerinnen, Sportler), dem Dienstleistungssektor (Fotografen, Floristinnen,
Friseure) oder der Modebranche (Verkäuferinnen von Kleidung, Hüten,
Accessoires) an. Dazu kommt die tertiäre touristisch bedingte Arbeitsmigration von Beschäftigten im Infrastrukturbereich.

Meistens waren alle drei Formen dieser Migration, deren ge-
meinsames Merkmal ihre Saisonalität darstellt, gleichzeitig vorhanden.
Während die einen im Hotel angestellt waren und Selbstständige ihre
Dienste für die Gäste anboten, bauten Arbeiter neue Strassen, Bahntras-
sen und Beherbergungsbetriebe. So wirkten die «transformative Kraft
des Tourismus» (Martin Knoll) und die «konstitutive Kraft der Migration»
(Walter Leimgruber) auf die Entwicklung der Kurorte und Regionen und
führten zu einem Bevölkerungsschub, zu technologischer Erneuerung,
wirtschaftlichem Wachstum und gesellschaftlichem Wandel.

Damit entstehen neue Beherbergungsbetriebe – nicht selten
im Besitz von Migrantinnen –, die wiederum zu mehr Tourismus führen.
Migration und Tourismus bedingen sich gegenseitig und setzen eine Ent-

wicklungsspirale in Gang, die erst durch den Ersten Weltkrieg und, nach einer kurzen Phase der Erholung in den 1920er-Jahren, durch die Weltwirtschaftskrise abflacht. Grundlage des Geschäftsmodells blieb das Benutzen der Alpen, die Reduktion der Bergwelt auf eine funktionale Umwelt, ein ressourcenintensives ökonomisches Theater, das die Natur erst einund dann zurichtete, um sie fortan als Kulisse zu nutzen und zu benutzen.

KETTENMIGRATION UND NETZWERKARBEIT
Kettenmigration spielte für den Kurtourismus eine wichtige Rolle – viele Migrantinnen und Migranten brachten in der Folgesaison Verwandte oder Bekannte mit. Zwischen dem Engadin und Meran gab es zudem regen Austausch, weil Angestellte nicht selten die Sommersaison im Engadin und die Wintersaison in Meran verbrachten. In erster Linie war Tourismus eine Netzwerkarbeit, bei der vor allem die Hoteldirektoren eine Schlüsselrolle spielten – ihre Empfehlungsschreiben öffneten Türen. Die saisonalen Verträge erhöhten den Druck und führten zu hoher Fluktuation unter den Angestellten.

Aus dem Personalbuch der Pension Waldhaus in Vulpera von 1889 – wenige Jahre vor dem Bau des legendären Grandhotels – geht hervor, dass etwas mehr als die Hälfte der Mitarbeitenden aus der Schweiz stammte, manche aus dem Unterengadin oder dem Val Müstair, andere aus dem Kanton Zürich. 20 der 41 Angestellten waren Ausländerinnen, wenige aus dem nahe gelegenen italienischen Livigno, die meisten aus der Habsburgermonarchie. Neben einzelnen aus Meran stammten die meisten aus den grenznahen Gemeinden des historischen Tirols.

MIGRATION ALS KONSTANTE
Es sind dieselben Orte, aus denen auch heute noch die meisten migrantischen Arbeitskräfte des Unterengadins herkommen – aus dem Tiroler Oberland, aus dem Vinschgau und aus Meran. Bereits in der Belle Époque hatten viele die Sommersaison im Engadin und die von Oktober

bis Mai dauernde Wintersaison in Meran gearbeitet. Im Unterschied zu damals sind infolge der wirtschaftlichen Entwicklung im Dreiländereck Tiroler und Südtirolerinnen heute weniger im Gastgewerbe als vielmehr im Gesundheitswesen, im Bildungsbereich oder im Handwerk tätig.

Davon abgesehen ist diese Arbeitsmigration aber durchaus mit anderen Migrationsphänomenen der Region im 21. Jahrhundert vergleichbar: mit der Migration von italienischen, meist aus der Lombardei stammenden Bauarbeitern und Service-Fachkräften ins Oberengadin einerseits und mit jener der tschechischen, slowakischen und ungarischen Angestellten in Hotellerie und Gastronomie in Meran andererseits.

Hier ist eine historische Konstante feststellbar, denn so, wie Menschen aus der Lombardei über Jahrhunderte hinweg ins Engadin kamen, um bei der Heuernte beziehungsweise ab dem 19. Jahrhundert auf dem Bau und in den Hotels zu arbeiten, kamen schon im 19. Jahrhundert Arbeitskräfte im Beherbergungssektor aus den Habsburgischen Kronländern nach Meran. Diese Entwicklung hat sich, unterbrochen von eingeschränkten Migrationsmöglichkeiten im Kontext der beiden Weltkriege, bis heute fortgesetzt. Sie zeigt, dass Migration sowohl eine historische wie auch eine zeitgenössische Konstante ist.

INFORMATIONEN

Migration ist eine historische Konstante, die hinsichtlich Räume und Ausformung bis in die Gegenwart reicht. Die Alpen waren dabei – zu unterschiedlichen Zeiten und in unterschiedlichem Ausmass – stets von Ein- und Auswanderung betroffen.

Die Erschliessung der Berggebiete durch Kutschen und Eisenbahn, die Einrichtung der Alpen als Erholungsgebiet, verbunden mit dem Narrativ der unberührten Natur, das Einsetzen überregionaler Finanzströme und die hohe Mobilität der Angestellten wurden zur Voraussetzung für den Erfolg des Bergtourismus.

Bereits mit Beginn der modernen Tourismuswirtschaft ab Mitte 19. Jahrhundert setzte Migration ein, da die Hotels auf hohe Mobilität ihrer Arbeitskräfte angewiesen waren. Dies führte zu einem sprunghaften Bevölkerungsanstieg und zu ökonomischer und gesellschaftlicher Entwicklung.

Der Tourismus wirkte sich stimulierend auf die Migration aus, weil er Angestellte brauchte. Er führte aber auch zu einer Zuwanderung von Freiberuflern und zur Niederlassung von Gästen. Hotel- und Infrastrukturbau wiederum zogen weitere Arbeitskräfte an.

Als Netzwerkarbeit angelegt, führte der Tourismus zu Kettenmigration, die, unterbrochen durch die beiden Weltkriege und die Weltwirtschaftskrise, mancherorts bis heute anhält.

WEITERFÜHRENDE LITERATUR

Barfuss, Thomas (2018): Authentische Kulissen. Graubünden und die Inszenierung der Alpen. Institut für Kulturforschung Graubünden. Baden.

Brunold, Ursus (Hg. 1994): Gewerbliche Migration im Alpenraum. Historikertagung in Davos, 25.–27.9.1991. Bozen.

Fischbacher, Marianne (1991): So ging man eben ins Hotel. Domleschger Hotelangestellte im Engadin der Zwischenkriegszeit. Bündner Monatsblatt, Beiheft 1. Chur.

Heimerdinger, Timo / Leonardi, Andrea / Reso, Evelyn (Hg. 2019): Hotelpersonal. Lebens- und Arbeitsalltag im Dienste des Tourismus. In: Tourism & Museum 7. Innsbruck / Wien / Bozen.

Heiss, Hans / Leonardi, Andrea (Hg. 2003): Tourismus und Entwicklung im Alpenraum / Turismo e sviluppo in area alpina. In: Tourism & Museum 1. Innsbruck / Wien / Bozen.

Holenstein, André / Kury, Patrick / Schulz, Kristina (2018): Schweizer Migrationsgeschichte. Von den Anfängen bis zur Gegenwart. Baden.

Johler, Reinhard (1987): «Mir parlen Italiano und spreggen Dütsch piano». Italienische Arbeiter in Vorarlberg 1860–1914. Schriftenreihe der Rheticus Gesellschaft 21. Feldkirch.

Jucker, Cristina (2012): Gli Italiani in Engadina. Milano.

Kessler, Daniel (1997): Hotels und Dörfer. Oberengadiner Hotellerie und Bevölkerung in der Zwischenkriegszeit. In: Bündner Monatsblatt, Beiheft 5. Chur.

Knoll, Martin (2017): Editorial. In: Zeitschrift für Tourismuswirtschaft 1, 1–4.

Leimgruber, Walter (2018): Die Migrationsforschung in der deutschsprachigen Kulturanthropologie. In: Johannes Moser (Hg.): Themen und Tendenzen der deutschen und japanischen Volkskunde im Austausch. Münchner Beiträge zur Volkskunde 46. Münster, 363–396.

Mathieu, Jon (2015): Die Alpen. Raum – Kultur – Geschichte. Stuttgart.

Ortner, Birgit (Hg. 2014): Gemeindebuch Lech. Lech.

Skenderovic, Damir (2015): Vom Gegenstand zum Akteur: Perspektivenwechsel in der Migrationsgeschichte der Schweiz. In: Schweizerische Zeitschrift für Geschichte, Themenheft «Migrationsgeschichte(n) in der Schweiz: ein Perspektivenwechsel» 65/1, 1–14.

Bild Seite 67: Reschenpass / Passo di Resia, Südtirol (I)
Bild Seite 68: Talstation Bergkastelbahn, Nauders, Tirol (A)

Eva-Maria
Müller

GESCHICHTEN VOM GIPFELLOSEN UND IHRE FRAGEN AN DIE ALPINE ZUKUNFT

Fein säuberlich beschildert liegen «Mont Blanc», «Grossglockner» oder «Hohe Tatra» in Glasvitrinen ausgestellt in einem Wiener Wohnzimmer. Die mit der Spitzhacke abgeschlagenen, sorgfältig archivierten kleinen Felsbrocken sind das Wichtigste im Leben des Gipfeldiebs.

So skurril das Abschneiden von Berggipfeln scheinen mag, Gipfeldiebe sind historisch betrachtet kein Ausnahmefall und waren insbesondere im Zeitalter der europäischen Expansion eine häufige Erscheinung. Die Inbesitznahme von Berggipfeln beginnt lange bevor Ludwik Wiewurka in das Wohnzimmer des «Gipfeldiebs» stolpert, einer Figur im gleichnamigen Roman des polnisch-österreichischen Autors Radek Knapp aus dem Jahr 2015. Bereits 1889 überreichte der Forschungsreisende und Verleger Hans Meyer nach der Besteigung des höchsten Bergs Afrikas «den obersten Stein» des Kilimandscharos niemand Geringerem als dem deutschen Kaiser Wilhelm, der den Gipfel des nach ihm benannten Bergs noch lange als Briefbeschwerer nutzen sollte. Viel gewichtiger als in der Form eines Schreibtisch-Accessoires war der Gipfel jedoch für das imperialistische Machtstreben des Kaiserreichs im Wettlauf um Afrika.

GIPFEL SAMMELN: KOLONIALER GESTUS UND TEXTUELLE GEWALT

Im politischen Gefüge des 19. und 20. Jahrhunderts wurden Berge vielfach für den Ausbau und die Sicherung politischer Vorrangstellungen benutzt. Die Inbesitznahme bemerkenswerter Gipfel hatte eine ähnliche Funktion wie die Eroberung von weissen Flecken auf der Landkarte. Imperiale Expansionsmanöver verlagerten sich vielfach in den vertikalen Raum, und alpinistische Interessen rückten ins Zentrum männlich-kolonialer Fantasien zur Herrschaft über das Andere. Allerdings wanderten nicht alle auf diese Weise begehrten Gipfel physisch über kai-

serliche Schreibtische. Um für den Zweck des imperialistischen und natio-
nalistischen Machterhalts in europäische Ordnungssysteme eingegliedert
zu werden, konnte die Inbesitznahme genauso gut symbolisch vollzogen
werden. Dazu zählen das Hinterlassen von zeitweiligen oder dauerhaften
Zeichen des Besitzes – in Form von Flaggen, Kreuzen oder anderen zivili-
satorischen Emblemen – wie auch Einschreibungsverfahren, wie sie in der
Vermessung und Namensgebung von Gipfeln auftreten. Diese scheinbar
gewaltfreien Aneignungen legitimierten die künftige Benutzung alpinen
Raums, indem sie den Weg für weitaus gewaltvollere Benutzungsformen
wie Ressourcenextraktion oder touristische Verwertung ebneten. Um die
Macht dieser Nutzbarmachung zu reflektieren, führte die Literaturwissen-
schafterin Mary Louise Pratt den Begriff der «textuellen Gewalt» ein. Zeu-
gen dieses kolonialistisch-linguistischen Machtgestus sehen ihren Fort-
bestand auch im zeitgenössischen Sprachgebrauch, wenn Gipfel in der
Überlagerung von alpinistischem und militärischem Jargon besiegt, be-
zwungen, gestürmt und erobert werden und, am Höhepunkt angekommen,
in der punktuellen Verdichtung von Macht, Virilität und Individualität nur
Platz für einen sich über alle erhebenden Helden lassen.

HÖHEPUNKT: ACHTUNG ABSTURZGEFAHR!

Der Gipfel – als Ort und Symbol für das «Ende aller Dinge und
des Weges Ziel» – ist seit Petrarcas Referenztext tief in die Bergliteratur
eingeschrieben. Der Erzählbogen des singulären Erfolgs spannt sich über
zahlreiche klassische Werke der Alpinliteratur, die in ihrer narrativen Struk-
tur dramatische Aufstiegsszenarien imitieren und diese in Höhepunkten
gipfeln lassen. Parallel dazu sind das Ersteigen und Erschreiben von Gipfeln seit Beginn des modernen Alpinismus eng miteinander verseilte Praktiken, deren geballte Kraft sowohl für die Etablierung des Sports als auch
für die touristische Benutzung alpinen Raums essenziell war.

In Bergsteigergeschichten wie auch im Geschäft mit den Bergen nimmt die Bergspitze neben ihrer spezifischen Örtlichkeit vor allem

auch metaphorisch eine zentrale Rolle ein, um persönliche, sportliche, und wirtschaftliche Höhepunkte zu markieren. Diese gipfelzentrierte Ausdrucksform ist Zeuge einer Kultur, die persönliches Heldentum, politische Kontrolle und Herrschaftsansprüche privilegiert betrachtet und dem komplexen ökologischen und sozio-kulturellen Raum des Bergs, der unter dem teuer gehandelten Gipfel steht, wenig Wert beimisst.

LITERARISCHE EROSION

Während Berge über Gletscherschwund und Steinschlag ihre Gipfel vermehrt menschlicher Anmassung entziehen, weigern sich mittlerweile auch manche Autorinnen und Autoren, die Bergspitze für Expansion und Kommerzialisierung zugänglich zu machen. Thomas Glavinic präsentierte beispielsweise 2013 mit «Das grössere Wunder» eine im besten Sinne antiklimaktische Bergerzählung, in der die Idee des individuellen Alpinisten wegfällt und ein Abbruch der literarischen Gipfelweihe stattfindet. Der Weg des Protagonisten Jonas auf den Gipfel des Mount Everest gestaltet sich nämlich nicht als Heldengeschichte, sondern als eine Odyssee des Wartens, die nur über die Unterstützung durch Träger, Bergführerinnen, Köche, Ärztinnen und Freunde möglich wird. So schreibt Glavinic das Netzwerk derer, die den Erfolg des alpinistischen Helden mittragen, aktiv in die Geschichte ein, während er andererseits den Gipfel aus ihr verbannt. Dies geschieht, indem Jonas den höchsten Punkt des Bergs zwar erreicht, seine Errungenschaft am Ende jedoch verneint. Der narrative Höhepunkt dient damit nicht der Verfestigung des Gipfelmoments, sondern seiner Entmachtung. Durch das «Nein» auf die sonst vielfach besungene Gipfelfrage finden eine Entkoppelung der literarischen Gipfeltaufe und ein symbolischer Abbruch textueller Gewalt in alpinistischen Erzählungen statt, wodurch der Gipfel ein Ort wird, an dem Wahr- und Hoheitsansprüche ausgehebelt werden. So liegt Glavinics literarische Antwort auf die Markierung des Gipfels im Verschweigen und im Eröffnen einer Versuchsanordnung, an deren Ende implizit eine Reihe einfacher

Fragen steht, die uns anleiten, unser Verständnis von Bergerfahrung zu überprüfen und dabei zentrale Aspekte wie ökologisches Handeln, globale Dekolonisierung und sozialen Wandel mitzudenken: Welche Geschichten erzählen wir vom Berg? Was legen sie offen, und wem dienen sie?

ALTERNATIVE WEGE

Wer diese Fragen ernst nimmt, erkennt, dass Bergliteratur neben der Dokumentation des Erreichten und dem Bezeugen des Verschwundenen in erster Linie Gestalterin des Kommenden ist. Die alpine Zukunft verlangt – wie das Schreiben und Bergsteigen – die Bereitschaft, sich dem Unbekannten zu stellen und alternative Wege zu finden. Wer in den Geschichten des Gipfellosen vorgefertigte Lösungen sucht, wird nicht fündig werden. Wer aber, wie Salman Rushdie, die Aufgabe der Literatur nicht in der Problemlösung, sondern im Befeuern der menschlichen Schöpferkraft sieht, hat damit einen wertvollen Motor für den Weg in eine lebenswerte alpine Zukunft entdeckt. Ob Ausgangspunkt dafür das Basislager des Mount Everest oder doch ein Wiener Wohnzimmer ist, ist dabei einerlei.

Wenn Ludwik Wiewurka am Ende von Radek Knapps Roman «seinen» Gipfel verschenkt und ihn gemeinsam mit der Beschenkten dem Berg zurückgibt, bleibt die Hoffnung, dass der Dieb begnadigt wird, solange sich mit dem Gefühl, für einen flüchtigen Moment einen Berg in Händen zu halten, auch Verantwortung einstellt.

FAKTEN & DEBATTEN

Es gibt weit über 30 000 mit Namen und Höhen-
angaben versehene Berggipfel im Alpenbogen.
        Berge bleiben literarisch und geologisch
auch ohne Gipfel als solche erkenntlich. Die
Seismologin Karen Fisher von der Brown
University stellte fest, dass über die Gebirgswurzel
im Erdmantel selbst vollständig erodierte Berge
identifiziert werden können.
        Zum Abbau von Steinkohle wird in
den Appalachen im Osten der USA seit Ende des
19. Jahrhunderts die umstrittene Form des
«Mountain Top Removal Mining» betrieben. Mit
dieser Art des Tagebaus werden mittels Spren-
gungen bis zu 150 Meter Gipfel abgetragen. Die so
gewonnene Steinkohle wird auch nach Europa
exportiert.
        Im Sommer 2022 entscheidet eine
Volksbefragung in St. Leonhard im Tiroler Pitztal
das Aus des seit 2016 geplanten Skigebiet-
Zusammenschlusses am Linken Fernerkogel, für
das 40 Meter Gipfel hätten abgetragen werden
müssen.

WEITERFÜHRENDE LITERATUR

Frisch, Max (1937): Antwort aus der Stille.
Frankfurt am Main.
        Gamilschegg, Marie (2018): Alles was
glänzt. München.
        Glavinic, Thomas (2013): Das grössere
Wunder. München.
        Hamann, Christof / Honold, Alexander
(2011): Kilimandscharo. Die deutsche Geschichte
eines afrikanischen Berges. Berlin.
        Knapp, Radek (2015): Der Gipfeldieb.
München.
        Petrarca, Francesco (1336): Besteigung
des Mont Ventoux. In: Heinrich Heine Universität
Düsseldorf, 2009.
        Pratt, Mary Louise (1992): Imperial Eyes.
Travel Writing and Transculturation. London.
        Ramsey-Kurz, Helga (2007): Tokens
or Totems? Eccentric Props in Postcolonial
Re-Enactments of Colonial Consecration. In:
Literature and Theology 21/3, 302–316.
        Silber, Leonie (2019): Poetische Berge.
Alpinismus und Literatur nach 2000. Heidelberg.
        Slemon, Stephen (2012): Tenzing
Norgay's Four Flags. In: Kunapipi 34.2, 32–41.

Loredana
Bevilacqua
Daniel
Speich Chassé

ALPINE LANDWIRTSCHAFT: AM RAND DER DIGITALISIERUNG?

80

Unser Alltag ist von digitaler Technik durchdrungen – das gilt auch für den Bauernhof im Alpenraum. In der historischen Forschung stehen vor allem Städte im Fokus, wenn die Digitalisierung diskutiert wird. Dabei sind ländliche Gebiete ebenso stark betroffen und besonders bäuerliche Kleinbetriebe gefordert.

Der Computer, in seiner uns im Alltag geläufigen Form, kommt aus dem kalifornischen «Silicon Valley». Es heisst, von dort seien andere Weltregionen digital entwickelt worden. Die Verbreitung des Computers verlief aber nicht gradlinig, sondern führte zu Ungleichzeitigkeiten. Digitale Technik war lange sehr teuer und stand bis etwa 1980 fast nur Regierungen, Universitäten und grossen Firmen zur Verfügung.

Brüche in der Verbreitung der Computernutzung bis in den Alltag der meisten Menschen hinein werden als «Digital Divide» bezeichnet. Sie drücken sich geografisch aus, aber auch nach Einkommensklassen und Generationen. Kinder beispielsweise werden seit Jahren in die Welt von «Social Media» hineingeboren. Nicht umsonst entstand für die Jahrgänge ab 1995 der Begriff «Digital Natives» – während ältere Menschen im neuen virtuellen Raum eher als «Zugezogene» erscheinen. Dabei ist zwischen der technischen Verfügbarkeit von Rechenmaschinen, den Fähigkeiten im Umgang mit ihnen und der Motivation zur Nutzung eines Computers zu unterscheiden. In allen diesen Hinsichten gibt es Spannungen zwischen Zentren und Rändern der Digitalisierung. Mehr noch: Zu den neueren Ansätzen der Digitalgeschichte gehören eine regionalgeschichtliche Perspektive auf die digitale Transformation und der Blick darauf, wie Digitalität gesellschaftlich hergestellt wurde. Zwischen verschiedenen Regionen, Ländern und Gebieten zeigen sich gleichzeitige, doch andersartige Digitalisierungen, mit anderen Treibern und Motiven. Das gilt auch für die Alpenregion.

COMPUTER: WOZU SOLL MAN SIE BENUTZEN?

Die Digitalisierung des Alpenraums basiert auf der Verfügbarkeit von Strom und Telekommunikation. Im Gegensatz zu vielen Regionen Europas ist der Agrarsektor in der Schweiz bis heute immer noch stark von Kleinbetrieben geprägt, die nur über beschränktes Investitionskapital verfügen. Die finanziellen Herausforderungen spielen bei der Implementierung neuer Technologien eine wichtige Rolle. Die Elektrizität kam zu Beginn des 20. Jahrhunderts ins Land. Ein früher Anschluss wurde zum Beispiel 1902 in Kerns (OW) installiert. Noch in den 1960er Jahren wehrten sich aber dortige Bauernbetriebe dagegen, an das Stromnetz angeschlossen zu werden. Sie wussten nicht, ob sie Ende Monat genug Bargeld erwirtschaftet haben würden, um die Rechnung zu zahlen. Beim Telefon war es ähnlich. Mit dem Komplex aus Rechnern und elektronischer Datenverarbeitung treffen nun wieder fundamentale Neuerungen auf verschiedene Gesellschafts- und Arbeitsbereiche; auch auf die alpine Landwirtschaft.

Der Computerhistoriker Gleb J. Albert hat 2019 festgehalten: Als der Computer «erstmals als Massenkonsumgut in Erscheinung trat, gab es nur ganz vage Vorstellungen davon, welche Rolle er im Alltag einnehmen und welchen konkreten Nutzen er bringen sollte». Er löste im Gegensatz zu anderen Kommunikationsmaschinen kein bestehendes Problem, so wie es die Telegrafie, der Funk, das Telefon und das Fernsehen bezüglich der Fernübertragung von Sprache, Ton und Bild getan hatten. Stattdessen lassen sich die damaligen und heutigen Rechner just durch ihre freie Programmierbarkeit als Multifunktionsgeräte definieren.

Schon in den späten 1960er Jahren war die Schweiz in Sachen Computerdichte in Europa führend. Das Aufkommen von Mikrocomputern – darunter zählen etwa Heim- und Personal Computer – geschah dann mit grossem Tempo. Ende 1984 liessen sich, je nach Quelle, hierzulande etwa 72 000 Computer zählen, im Jahr 1990 bereits über 800 000. Und 2002 waren über 5 Millionen Personal Computer im Einsatz, davon 1,8 Millionen als feste Installationen im Privatgebrauch. Das ist erstaunlich für ein Produkt, nach dem zuvor keine Nachfrage bestand. Mit der flächendeckenden Versorgung der Bevölkerung mit digitalen Endgeräten und mit deren Vernetzung hat das Verhältnis von Einzelpersonen zum Staat einen neuen Charakter angenommen, und die Führung von Kleinbetrieben änderte sich gerade in subventionierten Branchen wie der Landwirtschaft.

WIDERSTÄNDE UND NEUGIER IN DER LANDWIRTSCHAFT

Laut einem Gespräch mit Vertretenden der Bauernverbandssektion Unterwalden-Obwalden-Uri (das im Januar 2020 in Alpnach Dorf stattfand) war beim Aufkommen des Computers der «Vater Staat» ein grosses Thema. «Wir sind keine freien Bauern mehr», sei in den frühen 1980er Jahren gesagt worden; sie seien durch digitale Technik kontrollierte Angestellte der Landesregierung. Vorbehalte gegenüber Computern beschränkten sich jedoch keinesfalls auf die Landwirtschaft: Medien und der Gewerkschaftsbund problematisierten dazumal die neuen Überwachungsmöglichkeiten durch Terminals, die am Fliessband unter anderem das Arbeitstempo, den Arbeitsrhythmus sowie kurzfristige Abwesenheiten registrieren konnten. Das fördere den Leistungsstress und schaffe ein neues Machtgefüge. Doch nicht nur Widerstände dominierten den Diskurs. In der «Innerschweizer Bauernzeitung» (IBZ) wurde ab 1980 vermehrt über den Computer berichtet, etwa anlässlich von Vortragsreihen zu «Elektronik und Computer in der Landwirtschaft». Die Artikel formulierten zwar Bedenken bezüglich der Wirtschaftlichkeit digitaler Investitionen, betonten aber auch die Vielfalt der Anwendungsbereiche und gaben Tipps für die (Be-)Nutzung, etwa in der betrieblichen Buchhaltung oder bei der Berechnung von Futterplänen, der Düngerdosierung und der Zuchtwahl.

Der Computer erreichte die Schweizer Landwirtschaft zunächst über die «fédération nationale des coopératives agricoles» (FENACO). 1983 stand in der Landi Obwalden erstmals ein Computer zur Auftragsbearbeitung und zur Verwaltung der Debitoren. Ab den 1980er Jahren wurden Endgeräte auch zum Kauf angeboten, während der Bund (damals

PTT) zeitgleich die Kapazität des Netzwerks ausbaute. Parallel dazu reformierten die landwirtschaftlichen Bildungszentren ihr Studienangebot. Seit 1989 ist das Tastaturschreiben in den Ausbildungsgängen Pflicht. Und es wurden Kurse in «Informatik» aufgebaut.

Doch folgte zwischenzeitlich eine Ernüchterung: Im Jahr 1985 schrieb die IBZ, die Hardware werde zwar immer erschwinglicher, eine neue Software sei aber rar und teuer. Der Internetvorläufer «Videotex» blieb hinter den Erwartungen zurück. Auch eine Sonderschau «Computer im Stall», die 1987 an der Messe Luzern (LUGA) von der Firma Agrotronic AG Sursee organisiert wurde, konnte das Interesse nicht wieder entfachen. Die Verbreitung des Computers nahm erst ab 1990 wieder zu, als der «Rinderwahnsinn» (BSE) die Schweizer Kuhställe erreichte. Seither sind alle Landwirtschaftsbetriebe in der Schweiz einer digitalen Kontrolle durch die Tierverkehrsdatenbank unterstellt. Der Bund beauftragte die Firma «Identitas», systematisch Daten über die Geburt, den Aufenthalt und das Ableben aller Rinder zu sammeln. Daten über weitere Tiere kamen hinzu. Bäuerliche Betriebe im Berggebiet mussten neu den Normalstoss jeder Kuh auf der Alp fein säuberlich in ein elektronisches Formular eingeben. Seit 1998 gilt die Buchhaltungspflicht auf allen staatlich subventionierten Landwirtschaftsbetrieben. Neue private EDV-Beratungsfirmen entstanden auch spezialisiert auf die Agrarbranche.

Digitalisierung bedeutet in diesem Zusammenhang vor allem betriebliche Effizienz, gesteigerte Staatsnähe und Entfernung vom Kerngeschäft. Ein Bauernberater hält rückblickend fest: «Eben, es ist schon eine ganz andere Welt wie da das Arbeiten. Man ist Bauer geworden, weil man gerne draussen arbeitet, weil man gerne mit Tieren arbeitet. Und nicht, weil man immer gerne so macht [tippende Geste].»

AUTOMATISIERTE ABLÄUFE IM ALLTAG
Grosse technische Systeme haben im Alltagsleben an der alpinen Peripherie schon lange eine wichtige Rolle gespielt, etwa durch den

Eisenbahn- und Strassenbau sowie durch die Nutzung der Wasserkraft. Mit dem Computer und mit Geräten wie Haushaltsmaschinen, Traktoren, Seilbahnen und Helikoptern kam, durch Computerchips und -systeme überwacht und gesteuert, eine neue Dimension der Automatisierung auf die Höfe. Vor diesem Hintergrund zeigt sich: Der Rand der Digitalisierung ist auch ein Zentrum. Einzelne Innerschweizer Betriebe fanden in den letzten Jahren genug Investitionskapital, um das Füttern und das Melken des Viehs voll zu automatisieren. Ebenso gibt es funktionierende Anwendungen in der Tierzucht und, durch Satellitendaten gestützt, «Precision» oder «Smart Farming» im Ackerbau.

     Der ländliche Alltag steht durchaus nicht am Rand der Digitalisierung. Politische und ökonomische Zwänge haben zu innovativen Lösungen geführt und tun es nach wie vor. Bereits 1990 berichtete die IBZ fast euphorisch, der vernetzte Computer schaffe neue Möglichkeiten der «Telearbeit». Die Corona-Pandemie hat eben jene Heimarbeit wieder zum Thema gemacht, die für Bauernbetriebe schon seit Jahrhunderten eine wichtige Einkommensergänzung war. Seit einigen Jahren fördern die Schweizerische Arbeitsgemeinschaft für die Berggebiete und das Staatssekretariat für Wirtschaft sogenannte «Smart Villages», um der Abwanderung aus peripheren Gebieten des Alpenraums entgegenzuwirken. Zentral ist dabei der Ausbau der digitalen Infrastruktur, insbesondere der Glasfaserleitungen. Gemeinden, die den Smart-Village-Ansatz bereits umgesetzt hatten, konnten davon nicht zuletzt während der Corona-Krise profitieren, berichtete der «Schweizer Bauer» Ende 2020.

     Das zeigt sich auch heute: Bauernbetriebe bieten Co-Working-Spaces an – so kann man in Laax (GR) mit wunderbarer Aussicht und etwas Feriengefühl auf 2252 Metern über Meer arbeiten. Mittlerweile ist es eben nicht mehr so, dass von einem vermeintlichen Zentrum («Silicon Valley») die Zukunft ausgeht – sie wird vielmehr im Alltag generiert. Das gilt auch für den Alpenraum.

INFORMATIONEN

Im Jahr 1989 gab es in der Schweiz pro Tausend Einwohnerinnen und Einwohner rund 40 digitale Desktopgeräte, mobile Anwendungen und Low-End-Server, also Maschinen, die man zusammenfassend als «Computer im Alltag» bezeichnen kann. 1995 waren es etwa 80 und 2004 fast 200 (Angaben nach Robert Weiss). Heute haben alle Menschen in der Schweiz mehrere solcher Geräte, das heisst, der Wert pro Tausend Einwohnerinnen und Einwohner geht sicher stark über 1000. In dieser Statistik ist aber unklar, was als «Computer» zählt.

Digitale Anwendungen verbreiteten sich in der Schweizer Landwirtschaft massiv durch die im Jahr 2000 eingeführte «Tierverkehrsdatenbank», die rechtlich auf der Tierseuchenverordnung des Bundes vom 27. Juni 1995 aufbaut. Darin wurden zunächst alle Geburten, Standortwechsel und Schlachtungen von Tieren der Rindergattung registriert. Im Jahr 2011 wurde die Meldepflicht auf Pferde, Esel, Maultiere und Maulesel sowie auf Schweine ausgeweitet. 2014 begann die Erfassung der Schaf-, Ziegen- und Geflügelschlachtungen. Zur technischen Implementation wurde die Firma Identitas gegründet.

2010 forcierte der Bund die digitale Eingabe für landwirtschaftliche Direktzahlungen mit dem neuen Internet-Portal «AGATE». Ein wichtiger Player ist auch Swissgenetics, u. a. mit der App «SmartCow».

Die Zitate, u. a. zur tippenden Geste eines Bauernberaters, stammen aus einer Seminararbeit, die am Historischen Seminar der Universität Luzern 2021 von Joy Amendola geschrieben wurde.

WEITERFÜHRENDE LITERATUR

Albert, Gleb J. (2019): Der vergessene «Brotkasten». Neue Forschungen zur Sozial- und Kulturgeschichte des Heimcomputers. In: Archiv für Sozialgeschichte 59, 495–530.

Amendola, Joy (2021): Der Computer auf dem Bauernhof. Wie der Personal Computer seit den 80er Jahren Bestandteil der Schweizer Landwirtschaft wurde. Universität Luzern, Masterseminararbeit.

Bory, Paolo / Zetti, Daniela (Hg. 2022): Digital Federalism. Information, Institutions, Infrastructures (1950–2000). In: Itinera 49. Basel.

Brändli, Daniel / Schläpfer, Rafael (2004): Demokratie und Informationsgesellschaft. In: Studien und Quellen 30, 297–330.

Egger, Josef (2018): Computer. In: Historisches Lexikon der Schweiz (HLS). Online.

Ehrmanntraut, Sophie (2019): Wie Computer heimisch wurden. Bielefeld.

Hässig, Claus (1987): Angst vor dem Computer? Die Schweiz angesichts einer modernen Technologie. Bern / Stuttgart.

Schweizer Bauer (2020): Mit Smart Villages in die Zukunft. Online.

Schweizerische Arbeitsgruppe für die Berggebiete SAB (2022): Gemeinsam zum «Smart Village» werden! Online.

Thiessen, Malte (2022): Digitalgeschichte als Gesellschaftsgeschichte. Perspektiven einer Regionalgeschichte der digitalen Transformation. In: Zetti, Daniela / Wichum, Ricky (Hg.): Zur Geschichte des digitalen Zeitalters. Wiesbaden, 53–76.

Van Dijk, Jan (2020): The Digital Divide. Cambridge UK.

Weibel, Philippe (2022): Digitalisierung und neue Arbeitsmethoden als Chance für Berggebiete. In: Blog der Hochschule Luzern, 27. Januar.

Weiss, Robert (2009): Der Schweizer Computermarkt. Ein Rückblick auf frühere Ausblicke. In: Geschichte und Informatik = Histoire et informatique 17.

Weiss, Robert (1990–2005): Weissbuch. Männedorf.

Bild Seite 81: Valle di Muggio (TI)
Bild Seite 82: Isenthal (UR)

Roland
Norer
EIN «IUS ALPINUM»? DAS RECHTLICHE
POTENZIAL DER ALPENKONVENTION
92

Ariane
Zangger
Elisa
Frank
Nikolaus
Heinzer
KOOPERIEREN, ADAPTIEREN,
IMPROVISIEREN – HERDENSCHUTZ ALS
GEMEINSAMER LERNPROZESS
99

Wilfried
Haeberli
AUFGEHEIZTES HOCHGEBIRGE: ÜBER
PERMAFROST UND FELSSTÜRZE
109

Andrea
Meier
WARTEN AUFS TRAGENDE EIS: WIE
DIE KLIMAVERÄNDERUNGEN FISCHE
UND EISFISCHER HERAUSFORDERN
117

NUTZEN

BENUTZEN

HEGEN

PFLEGEN

Bestimmten eingegrenzten und meist auch umzäunten Arealen liessen wir gerade in den Alpen besondere Schonung zukommen: den Forstgebieten und Wildschonzonen oder dem so genannten «Fischwasser», wie die Gebrüder Grimm in ihrem Wörterbuch festhielten. Der Hag garantierte die nachhaltige Nutzung dieses Areals. Bereits vor der aufkommenden Wassernutzung wusste man um die Labilität von Gewässern und um deren besondere Schutzbedürftigkeit, damit wir daraus auch Nutzen ziehen konnten. Die selbst im Schweizerdeutschen archaisch anmutende Bezeichnung fürs Angeln, das «Hegenen», leitet sich direkt vom HEGEN ab. Der einstige Sammler und Jäger Mensch ist in erster Linie ein «Heger», eine «Hegerin». So sehr uns der Jagdinstinkt angeboren zu sein scheint und so sehr er angesichts der überschrittenen acht Milliarden Erdenbewohner und -bewohnerinnen mehrheitlich besser im Virtuellen ausgelebt werden sollte, so sehr wissen wir um die Endlichkeit der Ressource Wildtier gerade wegen des fortgesetzten Massenaussterbens, das wir schon im Pleistozän vor mehreren zehntausend Jahren angestossen hatten, als wir die Megafauna mit Wisenten, Auerochsen und Mammuten vernichteten.

Die gemeinsame Nutzung des umgrenzten Areals, der Allmende, ist reglementiert. Zum einen wenden wir die Kulturtechnik ebenso in sesshaften Gesellschaften an: So HEGEN wir unsere Haustiere, Tauben wie Hunde, aber auch die Nutz- und Zierpflanzen in unseren Gärten. Zum anderen lässt sich die Bedeutung auf die Pflege guter Eigenschaften übertragen – auch wenn wir manchmal den Verdacht HEGEN, dass die zugeschriebenen verteufelten oder überhöhten Eigenschaften mehr mit unserem Konzept von wilder und ungezähmter «Natur» zu tun haben als mit der Biosphäre im Anthropozän. So paradox es klingen mag: Je unbegrenzter wir auf «natürliche» Ressourcen zurückgreifen, desto mehr entfesseln wir Naturkräfte, indem wir bisher stabilisierenden Permafrost zum Auftauen bringen oder wenn Neophyten die ursprüngliche Flora bedrängen.

Die Alpen im Anthropozän brauchen daher unseren besonderen Schutz. Wir unterstellen sie dem Alpenschutz. Die innige Verschränkung von Wild- und Nutztierhaltung stellt sich einer komplexen, aber notwendigen Regulierung, sei es «kulturseitig» im Herdenschutz, sei es «naturseitig» im Schutz der Gewässer, der im Hinblick auf die Biodiversität am meisten unter Druck stehenden Räume in der Schweiz. Gerade im HEGEN wird uns bewusst, wie sehr der Gegensatz zwischen Natur einerseits und Kultur andererseits, zwischen Umwelt und ‹eigentlicher› Welt nicht nur historisch gewachsen, sondern inzwischen auch unbrauchbar geworden ist.

Roland
Norer

EIN «IUS ALPINUM»? DAS RECHTLICHE POTENZIAL DER ALPENKONVENTION

Die Alpenkonvention schützt und regelt das Leben im Alpenraum. Doch hapert es an der unmittelbaren Anwendung. Verstösst ein geplantes Projekt gegen die Alpenkonvention, könnte unter Umständen jede Bürgerin, jeder Bürger Einspruch erheben – auch gegen die Behörde, wenn es sein muss.

Die vorarlbergische Landesregierung schied 2019 mit Verordnung Teilflächen aus dem Naturschutzgebiet «Gipslöcher» in Lech aus. Die Gipslöcher stehen als besonders schützenswerter Lebensraum bereits seit 1988 unter Schutz. Grund für die Verkleinerung war die geplante Errichtung der Liftanlage «Grubenalpbahn»: eine 6er-Sesselbahn, die das Naturschutzgebiet überspannt und damit naturschutzfachlich eine dauerhaft nachteilige Beeinflussung bewirkt hätte. In der Folge legte der Landesvolksanwalt von Vorarlberg diese Landesverordnung dem österreichischen Verfassungsgerichtshof zur Überprüfung vor. Dieser hob mit Urteil vom 15. Dezember 2021 (V 425/2020–9) die Verordnung als gesetzwidrig auf. Dabei berief er sich neben nationalen Normen auch auf Artikel 11 Absatz 1 des Naturschutzprotokolls der Alpenkonvention, wonach sich die Vertragsparteien verpflichtet haben, bestehende Schutzgebiete zu erhalten, zu pflegen und – wo erforderlich – zu erweitern beziehungsweise neue Schutzgebiete auszuweisen. Aus Sicht des Gerichts hätte korrekterweise eine ausreichende Interessenabwägung durchgeführt werden müssen, in deren Rahmen auch Absatz 1 in Artikel 11 zu berücksichtigen gewesen wäre.

EIN «ALPENRECHT»? DIE RECHTLICHE LAGE IN DEN ALPEN

Dieser Fall wirft einige grundlegende Fragen auf. Da ist zunächst jene nach der Rolle des Rechts für die Alpen, insbesondere angesichts der zahlreichen hier auftretenden Nutzungskonflikte. Die einschlägigen

Rechtsvorschriften sind von einer unangenehmen Weite; die politisch-
gebietskörperschaftliche Diversität der Alpenregionen spiegelt sich eins
zu eins im Recht wider. Internationale Vorgaben können sich mit bundes-
rechtlichen, regionalen und lokalen Regelungen zu einem dichten Nor-
mengeflecht verschränken, das Leitplanken für die Vermittlung und Aus-
tarierung von Nutzungskonflikten vorgibt. In der grossen Mehrzahl der
Fälle kommen jedoch in den Berggebieten dieselben Regelungen zur Anwendung wie in ausseralpinen Gebieten. Man beruft sich selten auf ein
eigenes «Alpenrecht». Raumplanungs-, Umwelt-, Landwirtschafts- oder
Energierecht weisen meist nur sehr eingeschränkt Sonderregelungen auf,
die sich mit alpinen Besonderheiten befassen. Der Alpenbezug liegt in der
Regel einzig darin, dass sich der strittige Fall eben im alpinen Raum zuträgt.
    Von einem eigentlichen «Alpenrecht» kann also kaum gespro-
chen werden. Es gibt einzelne spezifisch bergbezogene Spezialregelun-
gen – man denke im schweizerischen Recht an die Regelung, welche die
erschwerten agrarischen Produktions- und Lebensbedingungen im Berg-
und Hügelland betrifft (Art. 4 Landwirtschaftsgesetz LwG, SR 910.1), oder
an die Alpenkennzeichnung (Berg- und Alp-Verordnung BAlV, SR 910.19) –,
jedoch lassen diese kein übergreifendes legislatorisches Konzept erken-
nen. Die Notwendigkeit und Sinnhaftigkeit eines eigenen «ius alpinum»
mag unterschiedlich beurteilt werden und drängt sich angesichts der völlig unterschiedlichen Gegebenheiten im Alpenbogen zunächst nicht auf.
Schliesslich könnte ein solches Gesetzeswerk nicht mehr als einen allgemeinen Rahmen auf einem hohen Abstraktionsniveau bieten.
    Insofern mag es erstaunen, dass es genau das bereits gibt:
eine Rahmengesetzgebung für den gesamten Alpenbogen, räumlich von
Monaco bis Niederösterreich und thematisch von Berglandwirtschaft,
Tourismus, Raumplanung und nachhaltige Entwicklung über Verkehr,
Naturschutz und Landschaftspflege bis Bergwald, Bodenschutz und
Energie. Gemeint ist die Alpenkonvention, die aus einem Rahmenabkom-
men und acht thematischen Durchführungsprotokollen sowie einem

Streitbeilegungsprotokoll besteht. Ausständig sind noch Protokolle in den Bereichen Luftreinhaltung, Abfallwirtschaft, Wasser sowie Bevölkerung und Kultur. Die Schweiz hat allerdings nur die Rahmenkonvention ratifiziert: Die Protokolle wurden zwar unterzeichnet, sind aber mangels Ratifizierung für die Eidgenossenschaft nicht verbindlich. Dennoch werden die Protokolle bereits faktisch umgesetzt, deren Forderungen sind zum Teil in die nationale Gesetzgebung eingeflossen.

DIE ALPENKONVENTION UND IHRE RECHTSVERBINDLICHKEIT

Ein elementares Thema im internationalen Recht im Allgemeinen und bei der Alpenkonvention im Besonderen ist jenes der konkreten Verbindlichkeit solcher Normen. Die allgemeine Dogmatik setzt auf die unmittelbare Anwendbarkeit. In den meisten Fällen liegt diese jedoch nicht vor, und damit werden den Bürgerinnen auch keine gerichtlich durchsetzbaren Rechtsansprüche vermittelt. Die Rechtswissenschaft spricht dann von «non self executing» und meint damit eine Verbindlichkeit bloss für die nationalen Rechtsetzungsorgane. Komplexer ist die Situation bei den Protokollen der Alpenkonvention. Eine Untersuchung jedes einzelnen Artikels und Absatzes hat dabei durchaus sehr differenzierte Ergebnisse gebracht. Was bedeutet das für die Praxis?

Kehren wir zurück nach Vorarlberg und zum erwähnten Gerichtsurteil. Es ist ein entscheidender Unterschied, ob ein Projekt wie eine Liftanlage, das im Widerspruch zu den Vorschriften der Alpenkonvention steht, auf eine unmittelbar durchsetzbare Norm derselben hin überprüft werden kann oder nicht. Im zweiten Fall können sich die Projektgegner im nationalen Verfahren nicht auf die internationale Vorschrift berufen, weil diese (noch) nicht ins nationale Recht umgesetzt wurde und damit keine direkte Wirkung entfaltet. Im ersten Fall jedoch mutiert die direkt anwendbare Norm der Alpenkonvention gleichsam zu einer nationalen Norm und ist zwingend anzuwenden, ungeachtet ihrer mangelnden Umsetzung im nationalen Recht. Dieser Befund ist eher ungewöhnlich, die Gerichte müssen den nationalen Behörden vorwerfen, dass sie bei der Projektgenehmigung neben den einschlägigen nationalen Regelungen eben auch die völkerrechtliche Norm hätten anwenden müssen, was im Ergebnis zur Nichtgenehmigung des Projekts führen kann.

PAPIERTIGER MIT ZÄHNEN?

In unserem Fall lässt der österreichische Verfassungsgerichtshof keinen Zweifel an der direkten Anwendbarkeit von Artikel 11 Absatz 1 des Naturschutzprotokolls. Diese beinhaltet die Verpflichtung, das Naturschutzgebiet «Gipslöcher» in Lech in seinem Zustand und Umfang zu erhalten. Die Herausnahme einer Fläche von 0,25 % der Gesamtfläche bedürfe einer hinreichenden Begründung, und das öffentliche Interesse an der Errichtung der neuen Grubenalpbahn müsste die Interessen an der Erhaltung des Naturschutzgebiets überwiegen. Ein solcher Entscheid ist durchaus revolutionär: Das Alpenkonventionsrecht erhält damit unmittelbare Verbindlichkeit, zumindest in diesem einzelnen Fall. Der von vielen kritisierte Papiertiger zeigt plötzlich Zähne.

INFORMATIONEN

Das Recht im alpinen Raum präsentiert sich so vielfältig und differenziert wie die unterschiedlichen politischen und gesellschaftlichen Systeme im Alpenbogen. Ein einheitliches «Alpenrecht» verfolgt einzig das völkerrechtliche Vertragswerk der Alpenkonvention, das den umfassenden Schutz und die nachhaltige Entwicklung der Alpen zum Ziel hat. Die Konvention besteht aus einem 1991 durch die Umweltminister der Alpenländer unterzeichneten Rahmenabkommen und neun Durchführungsprotokollen. Sitz des Ständigen Sekretariats ist in Innsbruck, die Vertragsparteien treten regelmässig als «Alpenkonferenz» zusammen.

Gerade bei den Protokollen stellt sich aus rechtlicher Sicht oftmals die Frage, ob diese Normen des internationalen Rechts insbesondere für nationale und regionale Verwaltungsverfahren direkt verbindlich sind («self executing»).

Kürzlich hat der österreichische Verfassungsgerichtshof anlässlich der Verkleinerung eines alpinen Naturschutzgebiets in Vorarlberg eine solche unmittelbare Verbindlichkeit bejaht. Der Landesgesetzgeber hätte im Rahmen der Herausnahme einer Fläche für den Bau einer Liftanlage das Naturschutzprotokoll der Alpenkonvention direkt anwenden und eine entsprechende Interessenabwägung durchführen müssen.

WEITERFÜHRENDE LITERATUR

BMLFUW (Hg. 2007): Die Alpenkonvention: Handbuch für ihre Umsetzung. Rahmenbedingungen, Leitlinien und Vorschläge für die Praxis zur rechtlichen Umsetzung der Alpenkonvention und ihrer Durchführungsprotokolle. Wien.

CIPRA Österreich (Hg. 2016ff.): Schriftenreihe zur Alpenkonvention (diverse Bände). Wien.

Norer, Roland (2002): Die Alpenkonvention. Völkerrechtliches Vertragswerk für den Alpenraum. Universität für Bodenkultur Wien, Institut für Wirtschaft, Politik und Recht. Diskussionspapier 93-R-02. Wien.

Oberdanner, Julia / Starchl, David (2022): Die Bedeutung des Art. 11 Abs. 1 Naturschutzprotokoll bei der Änderung von Schutzgebietsverordnungen – Überlegungen zur Erkenntnis des österreichischen VfGH v. 15.12.2021 – V 425 / 2020-9 zur Verkleinerung des Naturschutzgebietes «Gipslöcher» in Vorarlberg. In: Natur und Recht (NuR), 831ff. Berlin / Heidelberg.

Bild Seiten 94 / 95: Blick von der Punta Gerla (VS/I) ostwärts, mit Tessiner und Bündner Alpen

Ariane
Zangger
Elisa
Frank
Nikolaus
Heinzer

KOOPERIEREN, ADAPTIEREN, IMPROVISIEREN – HERDENSCHUTZ ALS GEMEINSAMER LERNPROZESS

Wölfe verändern alpine Räume und führen zu Anpassungen in der Schafhaltung. Soll die alpine Landschaft gehegt werden, drängt sich vielerorts die Einführung von Herdenschutzmassnahmen auf. Deren Umsetzung stellt alle Beteiligten vor grosse Herausforderungen, kann aber auch zu Kooperation und Innovation führen.

Es ist Sommer. Mitte Juli. Die Alpsaison der Schafe hat vor gut einem Monat begonnen. Einem Höhenweg entlang wandern wir auf eine Alp im Wallis. Aus der Ferne sehen wir die Hütte des Schafhirten, unterhalb davon aus orangem Flexinetz einen Zaun auf der Alpwiese. Er dient als Nachtpferch, in den die Schafe abends getrieben werden. Seit Wölfe Mitte der 1990er Jahre wieder in die Schweiz eingewandert sind, ist vieles nicht mehr so, wie es vorher war. Es ist komplizierter. Komplizierter ist die Situation für die Schafhalterinnen, komplizierter auch das Verhältnis zwischen den Bergregionen und den urbanen Gebieten. Und es ist voller geworden: Nicht nur die Wölfe werden mehr, sondern auch die Hunde, die Zäune und die Hirten. Diese neuen Akteurinnen hinterlassen ihre Spuren in der alpinen Landschaft. Rund 240 Wölfe und 23 Wolfsrudel (davon 5 grenzüberschreitend) leben aktuell in der Schweiz (Stand: Januar 2023). Insbesondere in den letzten vier Jahren sind viele neue Rudel dazugekommen, und die Population hat rasch zugenommen. Die sich aufzwingende und vom Bund geförderte wie geforderte Strategie lautet: Herdenschutzmassnahmen ergreifen und ausbauen. Zu einer Alp, die sich dieser Herausforderung gestellt hat, sind wir an diesem Sommertag unterwegs.

UNTERSCHIEDLICHE FORMEN VON WISSEN: KOOPERATION, KREATIVITÄT UND INNOVATION

Auf 2500 Meter über Meer hirtet ein junger Mann in diesem Alpsommer rund 500 Schafe. Während vier Monaten ist er für das Wohl der ihm anvertrauten Tiere zuständig. Diese stammen von Schafhaltern aus mehreren Gemeinden der Gegend. Da die Wildhut im Herbst zuvor erstmals Wölfe im Gebiet nachweisen konnte, beschlossen die Schafhalterinnen, dass es an der Zeit sei, auf der Alp Herdenschutzmassnahmen umzusetzen. Der Prozess hin zu einem kompletten und effektiven Herdenschutz ist jedoch lang, aufwendig und verläuft selten nach Lehrbuch, bedingt er doch eine Umstrukturierung der bisher gewohnten Sömmerungspraktiken – nicht nur für die Menschen, sondern auch für die Schafe, die sich ebenso umgewöhnen müssen. Möglich ist dies nur durch die Kooperation aller Beteiligten: von der Schafhaltung, dem Hirtenpersonal und der Wildhut über die Herdenschutzberatung, die kantonale Landwirtschaftsbehörde und die (Burger-)Gemeinde bis hin zum Tourismusverband und der lokalen Jägerschaft. Sie alle arbeiten, obwohl nicht immer vollständig gleicher Meinung, zusammen und bringen wertvolles Wissen und Erfahrungen mit. Dabei versuchen sie, diese sehr unterschiedlichen Formen von Wissen – aus der Akademie, insbesondere aber auch lokales Erfahrungswissen – zu nutzen und gegenseitig voneinander zu lernen.

Nach der Begrüssung des Hirten, wir nennen ihn Hugo, laufen wir das letzte Stück zu seiner Hütte. Diese ist, entgegen der Erwartung, kein festes Gebäude, sondern eine mobile Installation. Durch ihr geringes Gewicht von knapp 900 Kilogramm kann die Hirtenhütte mit dem Helikopter transportiert und an verschiedenen Standorten eingesetzt werden. Sie ermöglicht es Hugo, in unmittelbarer Nähe zu den Schafen zu übernachten und sie so bestmöglich zu beschützen, ohne auf eine Unterkunft verzichten zu müssen. Entwickelt wurde das innovative Konzept von Holztechnik-Studierenden der Berner Fachhochschule in Zusammenarbeit mit Pro Natura, dem Schweizerischen Schafzuchtverband, WWF Schweiz

und der landwirtschaftlichen Beratungszentrale der Kantone «Agridea». Die Hütte ist eine kreative Antwort auf die Problematik, dass vielerorts in den Schweizer Alpen die entsprechende Infrastruktur fehlt, um Herden zu behirten. Von Erfindergeist und gelungenem Einsatz neuer Technologien zeugt auch die App, die Hugo uns bei einer Trinkpause vor seiner Hütte zeigt: Einige Schafe tragen anstelle einer Glocke ein Senderhalsband. Etwa alle 15 Minuten sendet dieses die Position des Schafes an Hugos Smartphone.

LOKALE GEGEBENHEITEN UND INDIVIDUELLE LÖSUNGEN

Nun machen wir uns auf den Weg zur Herde. Nach den Schafen Ausschau haltend, gelangen wir zu einem vertikal verlaufenden Zaun und einem eisernen Tor, das geschlossen ist. Es soll die Schafe daran hindern, über den Höhenweg auf die Nachbaralp zu gelangen. Der Höhenweg, der drei Alpen miteinander verbindet, ist beliebt bei Touristen. Jeden Tag kommt es vor, dass das Tor von Wanderinnen nicht mehr geschlossen wird. Schafe, die früher, vor der Zusammenlegung zur Herde, auf die Nachbaralp getrieben wurden, nutzen diese Gelegenheit, um auf ihr gewohntes Weidegebiet abzuwandern.

Beim Tor wird uns klar, dass sehr viel mehr Menschen in der Verantwortung stehen für einen funktionierenden Herdenschutz als nur die Hirten, Alpbetreiberinnen und Nutztierhaltenden. Auch die Wandertouristen müssen ihren Beitrag leisten und Neues dazulernen, damit die Aufrechterhaltung von Sömmerungspraktiken und dadurch die Hege alpiner Landschaft auch bei der Anwesenheit von Wölfen möglich ist. Das trifft nicht nur auf das Schliessen des Tors, sondern auch auf das Verhalten gegenüber den Herdenschutzhunden zu. Diese haben uns mittlerweile bemerkt und machen dies mit lautem Gebell deutlich. Wir bleiben stehen und lassen ihnen Zeit, sich ein Bild zu machen, wer da in «ihre» Herde eingedrungen ist.

Schliesslich treffen wir auf eine erste kleine Gruppe Schafe, die unterhalb des Höhenwegs grast. Hugo erklärt, dass die Schafe der einzelnen Besitzerinnen in der Regel in ihren eigenen Verbänden zusammenbleiben und sich diese verschiedenen Grüppchen über das ganze Alpgebiet verteilen. Das Hüten der Schafe ist dadurch mit einem enormen Arbeitsaufwand verbunden. Die von den Leitschafen getragenen Senderhalsbänder sind darum eine grosse Hilfe und verschaffen Hugo zumindest einen guten Überblick, insbesondere, wenn sich Schafe noch nicht als einheitliche Herde bewegen und erst zusammengeführt werden müssen. Da Hugo als Hirt über die Sömmerungsbeiträge bezahlt wird, reichen 500 Schafe lediglich für eine Hirtenstelle aus. Es wäre hilfreich, eine zweite Person anzustellen, um die Umstrukturierungsmassnahmen zu bewältigen. Die Rassenspezifik der Schafe erhöht den Arbeitsaufwand für den Hirten zusätzlich, da Hugo eine äusserst flinke, berggängige, aber auch scheue Sorte von Schafen hirtet. Zudem erschwert die Topografie – es ist ein steiniges, steiles und weitläufiges Gebiet – die Umsetzung von Herdenschutzmassnahmen, wie etwa die Installation des Nachtpferchs oder den Einsatz von Herdenschutzhunden. Solche lokalen Gegebenheiten verlangen nach Raum für individuelle Lösungen, die nicht immer den offiziellen Ideallösungen entsprechen. Alternative, durch Bund oder Kantone unterstützte Finanzierungsmodelle, etwa für die Anstellung von mehr Hirtenpersonal oder für innovative Herdenschutzprojekte, könnten dies erleichtern.

BEZIEHUNGSGEFLECHTE UND LERNGEMEINSCHAFTEN

Die Rückkehr der Wölfe verändert die alpine Landschaft der Schweiz. Sie erhöht das Bewusstsein, dass sich unsere Umwelt in einem steten Wandel befindet und Landschaften von Nutztieren, Wildtieren und Menschen gemeinsam gehegt und gestaltet werden. Der vordergründig plausible Befund des Nutzungskonflikts greift dabei schnell zu kurz und ist wenig zielführend. Allzu rasch führt er zur trennenden Unterteilung in «Schützer» (Umweltschutz) und «Nutzerinnen» (Berglandwirtschaft,

Tourismus). Dabei geht es viel eher darum, die geteilten alpinen Räume als komplexes multispezifisches Beziehungsgeflecht und die anstehenden Veränderungen als gemeinsamen Lernprozess zu verstehen. Genau diesen müssen wir als Lerngemeinschaft angehen und zusammen, auch ohne vollständigen Konsens, Bereitschaft zum Kooperieren und zum gegenseitigen Lernen und Lehren zeigen. Als Lerngemeinschaft, die sich verschiedene Formen von Wissen, aber auch Innovation und Kreativität zunutze macht und die Möglichkeiten schafft, auf lokale Gegebenheiten einzugehen und individuelle Lösungen zu realisieren.

INFORMATIONEN

Seit Jahrhunderten wird Herdenschutz in verschiedenen Gegenden Europas, in denen Grossraubtiere niemals ganz verschwunden waren (Italien, Balkan, Osteuropa, Türkei), betrieben. Dieses Wissen wird nun auch in der Schweiz und in anderen Ländern Mitteleuropas, in denen sich Wölfe ausbreiten, wieder aufgegriffen. Herdenschutzpraktiken müssen hier jedoch an historisch gewachsene und lokalspezifische Bedingungen angepasst werden. Herdenschutz wird daher stetig weiterentwickelt.

In vielen anderen Regionen Europas, in denen Herdenschutz betrieben wird, kommt es zu weniger Begegnungen und Konflikten mit der lokalen Bevölkerung und dem Tourismus, als dies in den Alpen der Fall ist. Im dicht besiedelten und auch touristisch stark genutzten Alpenraum stösst Herdenschutz auf neue, vielfältige Herausforderungen. Hier müssen kreative Lösungen entwickelt werden, die den komplexen Nutzungskonflikten und gleichzeitig den lokalen Gegebenheiten gerecht werden. Von solchen innovativen Lösungen können wiederum andere Regionen profitieren.

Die (alpine) Landwirtschaft und insbesondere die Schafhaltung, die Burgergemeinden und Korporationen, die Jägerschaft, die Wildhut, der Umweltschutz, der Tourismus, die Wissenschaft, Ingenieure und Entwicklerinnen – alle müssen miteinander kooperieren.

In den letzten Jahrzehnten haben sich die interdisziplinären Forschungsströmungen der «human animal studies», «multispecies ethnography» und «more-than-human anthropology» entwickelt, die aktuell auch in der Sozial- und Kulturanthropologie diskutiert werden. Dabei geht es im Gegensatz zu früheren Ansätzen, die das Mensch-Tier-Verhältnis primär als unidirektionale Domestikations- oder Dominationsbeziehung sahen, um eine relationale Anthropologie, die wechselseitige, netzwerkartige und interspezifische Beziehungen zwischen unterschiedlich gearteten Akteuren untersucht. Auf diese Weise können auch alpine Landschaften, die durch die Wolfspräsenz verändert werden, neu gedacht werden.

WEITERFÜHRENDE LITERATUR

Arnold, Irina (2021): Wissen, lernen, anders machen. Die Rückkehr der Wölfe als Lernprozess. In: Hamburger Journal für Kulturanthropologie 13, 317–327.

Bundesamt für Umwelt BAFU (2019): Vollzugshilfe Herdenschutz. Vollzugshilfe zur Organisation und Förderung des Herdenschutzes sowie zur Zucht, Ausbildung und zum Einsatz von offiziellen Herdenschutzhunden. Bern.

Bundesamt für Umwelt BAFU (2016): Konzept Wolf Schweiz. Vollzugshilfe des BAFU zum Wolfsmanagement in der Schweiz. Bern.

Büro ALPE (2018): Abschlussbericht Unterkunftsprogramm SchafAlp. Planung, Beratung und Weiterbearbeitung. Lätti.

Frank, Elisa / Heinzer, Nikolaus (2022): Wölfe in der Schweiz. Eine Rückkehr mit Folgen. Zürich.

Hahn, Felix / Hilfiker, Daniela / Lüthi, Riccarda et al. (2022): Jahresbericht Herdenschutz Schweiz 2021. Lindau.

Haraway, Donna (2002): The Companion Species Manifesto. Dogs, People, and Significant Others. Chicago.

Heinzer, Nikolaus (2022): Wolfsmanagement in der Schweiz. Eine Ethnografie bewegter Mensch-Umwelt-Relationen. Zürich.

Hugelshofer, Max (2020): Digital auf der Alp. Kauf von Alptrackern für eine Herde Hochlandrinder. In: Berghilfe Magazin 109, 8–9.

Mettler, Daniel / Schiess, Andreas (2020): Wolfsschutzzäune auf Kleinviehweiden. Lindau.

Pfister, Ueli / Hahn, Felix / Feldmann, Heinz et al. (2022): Herdenschutzhunde auf der Alp. Lindau.

RTR Telesguard (2022): Project «Pasturs voluntaris» [Video-Beitrag]. 31.5.2022.

Schweizerischer Schafzuchtverband (2018): Grossraubtierpräsenz. Die Problematik aus Sicht der Schafhaltung. Niederönz.

Skogen, Ketil / Krange, Olve / Figari, Helene (2017): Wolf Conflicts. A Sociological Study. New York / Oxford.

Tsing, Anna (2012): Unruly Edges. Mushrooms as Companion Species. In: Environmental Humanities 1, 141–154.

Bild Seite 101: Dauerausstellung «Schauplatz Natur», Naturhistorisches Museum Basel
Bild Seiten 102 / 103: Schwarznasenschafe am Risihorn bei Bellwald (VS)
Bild Seite 104: Schafabzug auf der Belalp (VS)

Wilfried
Haeberli

AUFGEHEIZTES HOCHGEBIRGE: ÜBER PERMAFROST UND FELSSTÜRZE

Viele Bergflanken im Hochgebirge sind gefroren, und das seit Jahrtausenden. Das Eis im Innern erhöht ihre Standfestigkeit. Jedoch wird dieser willkommene Effekt durch den globalen Temperaturanstieg geschwächt. Was geht unter der Oberfläche der Berge vor? Fallen uns die eisigen Gipfel auf den Kopf?

Es ist wie ein spätes Erwachen. Schon seit über einem Jahrhundert werden die spektakulären und für alle sichtbaren Gletscher – das vermeintlich «ewige» Eis an der Oberfläche der Hochgebirge – erforscht. Auch zum Eis unter der Erdoberfläche, dem tief reichenden Permafrost (Kurzform von «permanent frost») in Tiefländern von Sibirien, Alaska und Kanada, gibt es seit Jahrhunderten reiches Wissen. Erst vor wenigen Jahrzehnten dagegen setzten systematische Studien zum Eis im Innern gefrorener Berge im Hochgebirge ein. Inzwischen haben Bewusstsein und Interesse für Permafrost mit seiner Abhängigkeit vom Klima und seinem langfristigen Einfluss auf Sicherheitsfragen im Hochgebirge in Wissenschaft, Öffentlichkeit und Politik stark zugenommen. Dies ist nicht zuletzt eine Geschichte der Wahrnehmung. Das Phänomen, das dem Auge verborgen in der Natur existiert, nimmt allmählich auch im Bewusstsein der Menschen Platz ein. Damit ist ein wichtiger Lernprozess in Gang gekommen. Er betrifft ein zentrales Element für den nachhaltigen Umgang mit dem Hochgebirge, das sich in einer aufgeheizten Atmosphäre für viele zukünftige Generationen auch im wörtlichen Sinn tiefgreifend verändert.

WIE ERFORSCHT MAN PERMAFROST IM GEBIRGE?

Das Eis in dauernd gefrorenem Fels und Schutt liegt tief unter der Oberfläche. Es ist dem direkten Blick entzogen. Wissen und Verständnis müssen mit aufwändigen Techniken wie Bohrungen, geophysikalischen Sondierungen, präzisen Temperatur- und Bewegungsmessungen, Laborexperimenten und Computermodellen erzeugt werden. Eine

Kommunikation der abstrakten Inhalte ist wichtig, aber schwierig. Die Schweiz spielte hier von Beginn weg eine führende Rolle. Die erste Frage ist jeweils, wo das Phänomen in der Natur auftritt. Schon früh entwickelte eine Expertengruppe der Akademie für Naturwissenschaften Faustregeln für Praktiker im Lawinenschutz, beim Seilbahnbau und bei der Gefahrenprävention. Das Bundesamt für Umwelt (das damals anders hiess) erstellte darauf eine noch heute zugängliche Karte der Permafrostverbreitung in den Schweizer Alpen. Im Rahmen eines EU-Forschungsprogramms wurde dann für den gesamten Alpenraum eine Modellrechnung mit 25m-Auflösung entwickelt, die in Google Earth mit Satellitenbildern und digitalen Geländemodellen in anschauliche dreidimensionale Perspektiven umgesetzt werden kann. Die Information ist heute allen zugänglich: Permafrost kommt in den Alpen vor allem oberhalb der Wald- und Mattengrenze vor. Besonders kalt sind steile Schattenflanken mit wenig Winterschnee und Schutthalden mit groben Blöcken, in denen die kalte Winterluft auch unter der isolierenden Schneedecke zirkulieren kann.

WENN SICH GEFRORENE GESTEINSMASSEN BEWEGEN
In der Natur manifestiert sich das Phänomen Permafrost in den eisreichen, seit Jahrtausenden langsam hangabwärts kriechenden Schuttmassen. Diese auffälligen Fliessformen sehen ähnlich aus wie Lavaströme. Wegen der groben Blöcke an ihrer Oberfläche werden sie aus historischen Gründen «Blockgletscher» genannt. Das viele Eis in diesen Schuttmassen ist durch langsame und tief reichende Gefrierprozesse im Feinmaterial von Schutthalden oder Moränen entstanden. Es stellt zwischen den Gesteinskomponenten eine Verbindung her, trennt sie gleichzeitig aber auch voneinander und ermöglicht so dem in trockenem Zustand stabilen Schutt, sich wie eine zähflüssige Masse zu verformen. Ein anderes Phänomen sorgte im Hitzesommer 2003 dafür, dass eine breite Öffentlichkeit die Existenz von Eis im Berginnern wahrnahm: Aus Klüften und Rissen von vollständig schneefrei gewordenen Felsflanken floss in den heisses-

ten Wochen deutlich sichtbar Wasser. An vielen Stellen polterten kleinere und grössere Felsabbrüche ins Tal. Dabei wurde da und dort das Eis unter der Oberfläche sichtbar. Wegen eines massiven Felssturzes am Hörnligrat konnten Bergsteiger am Matterhorn nicht mehr vom Gipfel absteigen und mussten deshalb per Helikopter ausgeflogen werden. Blitzartig ging die Nachricht um die Welt: Die gefrorenen Berge beginnen aufzutauen. Der Permafrost im Gebirge hatte einen Erlebniswert erhalten. Für viele entstand aufgrund der Medien der Eindruck, dass der Permafrost «die Berge zusammenhält». Das ist so nicht wahr, aber ganz falsch ist es auch nicht. Die wissenschaftliche Forschung hat grosse Fortschritte gemacht. Sie erlaubt heute ein differenziertes Verständnis.

NICHT DER PERMAFROST, SONDERN DAS GESTEIN HÄLT DIE BERGE ZUSAMMEN, ABER …

Letztlich ist es immer der Fels, der bei kleineren und grösseren Stürzen bricht. Es ist das Gestein, das die Berge zusammenhält, nicht der Permafrost. Eis und kalte Temperaturen erhöhen jedoch diesen Zusammenhalt des Gesteins und damit seine Standfestigkeit. Im Permafrost ist nicht nur die Festigkeit von Eis, sondern auch von Fels bei tiefen Temperaturen besonders hoch. Dementsprechend nimmt die Festigkeit von gefrorenen Felspartien ab, wenn diese aufgewärmt werden. Bei tiefen Temperaturen dichtet der gefrorene Zustand das Gestein gegenüber eindringendem Wasser ab. Dieser Effekt schwindet, wenn die Temperaturen gegen 0°C ansteigen. Besonders kritisch sind Temperaturen nahe 0°C, da dann im gefrorenen Fels zunehmend auch Wasser entsteht oder von aussen eindringt. Ansteigende Temperaturen und zunehmender Wassergehalt spielen auch beim Kriechen von eisreichem Schutt eine wichtige Rolle. Ähnlich wie die Butter, die wir aus dem Kühlschrank nehmen, wird auch Eis bei höheren Temperaturen weicher und ermöglicht schnelleres Kriechen von gefrorenem Schutt. Gefrorene Berge aufzuwärmen heisst auch, sie aufzuweichen.

Im Rahmen der globalen Klimabeobachtung wird die Entwicklung des Permafrosts heute mit systematischen Messungen dokumentiert. Parallel zum Anstieg der globalen Lufttemperaturen wird der seit Jahrtausenden gefrorene Untergrund im hohen Norden und im Hochgebirge wärmer. In den europäischen Gebirgen ist beispielsweise der rasche Temperaturanstieg seit der Jahrtausendwende schon über 50 Meter tief unter die Oberfläche vorgedrungen. Der Kriechprozess im gefrorenen und zunehmend erwärmten Schutt hat sich markant beschleunigt. Die Stabilität noch gefrorener, aber bereits aufgewärmter Felsflanken hat generell abgenommen. Die Häufigkeit von grossen Fels- und Bergstürzen aus warmem Permafrost wie am Piz Cengalo bei Bondo 2017 hat um ein Mehrfaches zugenommen. Solche Sturzereignisse können wie bei Bondo weitreichende Kettenprozesse auslösen. Besonders heikel ist dies dort, wo sich als Folge des Gletscherrückgangs am Fuss von aufgeheizten Permafrostflanken neue Seen bilden, in denen bei Sturzereignissen grosse Flutwellen ausgelöst werden können.

SCHNELLER GLETSCHERSCHWUND, LANGSAMES AUFTAUEN DES PERMAFROSTS

Permafrost wird rasch wärmer, taut aber im Gegensatz zum schnellen Abschmelzen der Gletscher nur sehr langsam auf. Bereits ab ungefähr der Mitte unseres Jahrhunderts könnte deshalb weniger Gletschereis übrig sein als Eis im Untergrund. Der aufgewärmte Permafrost und die damit verbundene Schwächung gefrorener Hangpartien und Felsflanken in den Hochgebirgen der Erde sind nicht mehr zu verhindern und für menschliche Zeitdimensionen von Jahren und Jahrzehnten weitgehend irreversibel. Das wird zukünftige Generationen noch beschäftigen, wenn die meisten Gletscher längst verschwunden sind. Es ist höchste Zeit, diese ernste Klimafolge in ihrer ganzen Dimension wahrzunehmen. Nur auf dieser Basis können angemessene Anpassungsstrategien entwickelt werden. Vor allem und in erster Priorität müssen veränderte Gefahren und

Risiken dort berücksichtigt werden, wo der Mensch mit seinen Nutzungs-optionen für Wasserkraft, Wasserversorgung, Tourismus oder Land-schaftsschutz den zurückweichenden Gletschern folgt und neu entste-hende Landschaften erschliesst. Diese werden langfristig von massiven Ungleichgewichten geprägt sein, die unter anderem zu Felsstürzen führen. So gilt es, auf diese besonders sensiblen Landschaften unser Augenmerk zu richten – und sie als neuartige Lebensräume nachhaltig zu hegen.

INFORMATIONEN

Oberhalb der Wald- und Mattenzone sind viele Gipfel und Hänge der Alpen seit Jahrtausenden dauernd gefroren. Dieser permanente Frost wird «Permafrost» genannt. Die Forschung über Permafrost im Gebirge ist heute ein wichtiger Teil der Klimafolgenforschung.

Die öffentliche Wahrnehmung hat vor allem im Zusammenhang mit Felssturzereignissen stark zugenommen. Einer breiten Öffentlichkeit ist bewusst geworden, dass das Eis unter der Oberfläche die Stabilität von Schutthängen und Felsflanken beeinflusst.

Lockerer Schutt ist im eisreich gefrorenen Zustand verformbar und kriecht langsam hangabwärts. Eisgefüllte Klüfte dichten gefrorene Felsflanken gegen Wasser ab und erhöhen die Festigkeit der Gesteinspartien. Dieser stabilisierende Effekt ist bei tiefen Temperaturen stärker als bei Temperaturen nahe dem Gefrierpunkt.

In einer wärmer werdenden Atmosphäre werden auch Berge wärmer. Die aus dem Temperaturanstieg der letzten Jahrzehnte resultierende thermische Störung ist bereits tief in die Berge eingedrungen.

Gefrorene Schutthalden sind wärmer und dadurch weicher geworden und haben ihre Kriechgeschwindigkeit erhöht. Die Stabilität von gefrorenen Felsflanken hat abgenommen, grosse Felsstürze aus warmem Permafrost sind häufiger geworden.

Gletscher schmelzen schnell, Permafrost taut nur langsam auf. Die Probleme mit aufgeheiztem Permafrost werden deshalb anhalten, wenn die meisten Gletscher längst verschwunden sind. Besonders heikle Situationen entwickeln sich, wo sich im Zuge des Gletscherschwunds neue Seen am Fuss von übersteilten und aufgewärmten Permafrostflanken bilden.

WEITERFÜHRENDE LITERATUR

Günzel, Friederike / Haeberli, Wilfried (2020): Einfluss der Permafrostdegradation auf Hangstabilität. In: Lozán, José L. / Breckle, S.-W. / Siegmar, W. / Grassl, Hartmut et al. (Hrsg.): Warnsignal Klima. Hochgebirge im Wandel, 310–316.

Haeberli, Wilfried (2020): (Ver-)schwindendes Eis im Hochgebirge – was nun? In: Regio Basiliensis 61 (2), 97–106.

Bild Seiten 110 / 111: Ablagerungen des Bergsturzes am Pizzo Cengalo, hinten rechts die Ställe von Lumbardui, Val Bondasca (GR)

Andrea
Meier

WARTEN AUFS TRAGENDE EIS: WIE DIE KLIMAVERÄNDERUNGEN FISCHE UND EISFISCHER HERAUSFORDERN

Die Klimakrise verändert Bäche, Flüsse, Seen und damit die Lebensräume der Fische. Die Eisfischerinnen befürchten, dass die Bergseen bald nicht mehr zufrieren. Eine Expedition in eine Welt, die vielleicht schon heute mehr der Vergangenheit angehört als der Zukunft.

Es ist Mitte Januar, und noch immer hoffen wir auf einen Polarwirbel oder wenigstens ein wenig sibirische Kaltluft. Damit sich tragendes Eis auf den Bergseen bildet, braucht es über mehrere Tage deutliche Minustemperaturen. Es wird Ende Januar, bis ich den ersten Anruf des promovierten Biologen und erfahrenen Eisfischers Res Hertig erhalte. Unsere heutige Schneeschuhwanderung führt uns zur Perle des Saanenlands auf 1542 Meter über Meer, an den waldumsäumten und fjordähnlichen Arnensee in der Gemeinde Gsteig bei Gstaad.

Der ursprünglich natürliche See wurde 1942 mittels eines 17 Meter hohen Erdschüttdamms zusätzlich aufgestaut und wird zur Stromerzeugung genutzt. Er ist einer von einem Dutzend Bergseen in der Schweiz, auf denen das Eisfischen erlaubt ist. Der See ist nun begehbar, allerdings auf eigene Gefahr. Früher war der Arnensee um diese Jahreszeit längst zugefroren. Doch die zunehmend milderen Winter führen dazu, dass dieses Naturphänomen immer später eintritt.

Es braucht viel Wissen, Geduld, Ausdauer, Intuition und Bescheidenheit, um diese zeitaufwendige und besondere Art von Fischerei zu pflegen, welche nur während einer kurzen Saison betrieben werden kann. Ginge es allein um den Fisch, wäre es einfacher, sich diesen im Supermarkt zu kaufen. Und es käme auch günstiger. Ein Tagespatent für die betreffenden Bergseen kostet in der Schweiz zwischen 30 und 50 Schweizer Franken. Dazu ist die Anzahl der Fänge streng begrenzt.

RÜCKLÄUFIGE FISCHBESTÄNDE UND RETTENDE BESATZMASSNAHMEN

Über dem Oldenhorn, das sich am Ende des Tals erhebt, hängt eine scharfkantige Mondsichel. Unweit von Feutersoey beginnt unsere Schneeschuhwanderung in Richtung Arnensee. Diese führt mehrheitlich dem idyllischen Tschärzisbach entlang. Währenddessen unterhält sich die kleine Eisfischergruppe über die Gewässer im Kanton Bern. Selbst wenn diese zum grössten Teil sauber sind, macht man sich Sorgen über die steigenden Wassertemperaturen, die zunehmende Trockenheit und die allgemeinen Mikroverunreinigungen. Ein weiteres Thema, welches sie beschäftigt, ist der Fischbesatz zur Kompensation menschgemachter Defizite. Dazu gehören die Folgen der Klimaerwärmung, welche sich in immer häufigeren Hochwasserereignissen sowohl im Sommer wie im Winter, aber auch in immer länger andauernden Hitze- und Trockenphasen äussern. Diese haben die Bestände einzelner Arten massiv reduziert oder teilweise ganz ausgelöscht. Besonders stark betroffen waren bisher die Äschen und die Bachforellen. Die hydroelektrische Kraftwerksnutzung mit geringen Restwassermengen und Schwall/Sunk-Betrieb in den Fliessgewässern machen den Fischbeständen zusätzlich zu schaffen.

Einige unserer Eisfischer helfen bei Besatzmassnahmen mit Jungfischen. Diese sollen Abhilfe schaffen. Sie werden von den kantonalen Fischereiverwaltungen geplant und mit viel Aufwand zur Stützung der Fischbestände durchgeführt. Fischereivereine und auch viele Fischerinnen helfen freiwillig mit. Fischer sind heute kaum noch Jäger, sondern in erster Linie Heger, wie es der waidmännische Fachbegriff treffend bezeichnet. Dennoch sind die Fischbestände insbesondere in den Fliessgewässern rückläufig. Während des Gesprächs wird klar: Fischbesatz ist kein Allheilmittel. Die Naturverlaichung – so sie denn noch funktioniert – produziert deutlich widerstandsfähigere Fische als solche aus der Zucht, selbst wenn letztere wilde Eltern haben. Deshalb sind Lebensraumverbesserungen wie Gewässerrevitalisierungen, Beseitigung von Fischwander-

hindernissen oder mehr Gewässerbeschattung durch eine bessere Be-
stockung für die heissen Sommermonate für die Fische überlebenswichtig.
Doch trotz diesen Anstrengungen geht es den Fischbeständen in vielen
Fliessgewässern noch immer schlecht. Hier besteht viel Forschungs- und
Handlungsbedarf.

VOM EISFISCHEN UND VON DER BEWIRTSCHAFTUNG NATÜRLICHER GEWÄSSER

Mittlerweile haben wir den Arnensee erreicht. Langsam treten
wir an das Ufer. Gemeinsam kontrollieren wir, ob irgendwo Risse, Brüche
oder Löcher im Eis zu finden sind. Temperaturschwankungen und Neu-
schnee können dazu führen, dass man dünne Eisschichten übersieht.
Schwankungen des Wasserstands, wie beim hydroelektrisch genutzten
Arnensee, können heikle Eisabbrüche an der Randzone verursachen. Mittels eines Eisbohrers wird in Ufernähe erst mal die Eisdicke gemessen.
Das Eis ist rund zehn Zentimeter dick. Wir wagen den Übertritt. Unsere
Eisfischergruppe hat gute Kenntnisse über die Gewässerstrukturen des
Bergsees. Wetter, Wind und Schatten haben jeweils ihren Einfluss, den es
zu beachten gilt. Letztlich helfen den Eisfischern aber die fischereilichen
Erfahrungen aus den Sommermonaten, um einen guten Standort zu finden. Auch wenn nach einer Stunde noch immer kein Fisch angebissen hat,
bringt das die Eisfischer nicht aus der Ruhe. Sie haben inzwischen allerlei
Naturbeobachtungen gemacht. Ihre eigene Art von Genuss beeindruckt
mich. Auch wie sie ohne Erwartungsdruck und sichtbar zufrieden in der
Kälte stehen. Sie sind für mich das Gegenmodell einer konsumorientier-
ten Gesellschaft, die sich ihr Fertigessen innerhalb von wenigen Minuten
per Mausklick bestellt.

Im Arnensee schwimmen Regenbogenforellen, Seesaiblinge,
Kanadische Seesaiblinge sowie seltener Bachsaiblinge und Bachforellen.
Neben diesen Lachsartigen sind Egli und Alet ebenfalls häufig in diesem
See. Die Fischereibehörden legen grossen Wert auf einen nachhaltigen

Umgang. Mehr als sechs lachsartige Fische pro Tag darf ein Eisfischer nicht aus dem See holen. Doch das Vorkommen von Fischen in den meisten höher gelegenen Bergseen ist nicht natürlich. Viele Bergseen wurden und werden regelmässig durch die Fischereirechtsinhaber (meist sind dies Kantone, in einzelnen Fällen auch Private, Gemeinden oder Korporationen) mit Fischen besetzt. Dass sich gewisse Bergseen für die Besiedelung mit Fischen eignen, haben bereits die Mönche im Mittelalter entdeckt, die eigene Fischereien betrieben. Als Beispiel sei der Engstlensee im Berner Oberland erwähnt, welcher durch die Mönche des Klosters Engelberg früh fischereilich bewirtschaftet wurde. Auch bereits zu Zeiten der Römerinnen sollen Fische über die Alpen transportiert worden sein, erzählen unsere Eisfischer. Sie erklären, dass man in der Schweiz bereits vor gut 150 Jahren aufgrund von Bestandsrückgängen und den erwähnten Lebensraumdefiziten mit der professionellen Bewirtschaftung von Seen und Flüssen begonnen hat. Mittlerweile gelangen auf diese Weise jährlich Millionen von Jungfischen in natürliche Gewässer.

FÜR EINE STARKE FISCHERLOBBY

Am Ende der Eisfischerexpedition bereichern eine Regenbogenforelle und ein Saibling den mitgebrachten Lunch. Ein weiterer Saibling wurde wieder frei gelassen, denn er entspricht nicht dem vorgegebenen Schonmass von 22 Zentimetern. Das macht Sinn, und so schreibt es auch das Fischereireglement vor: Jeder Fisch soll einmal im Leben die Chance haben, sich fortzupflanzen. Es versteht sich von selbst, dass alle Fischer der nachhaltigen Fischerei verpflichtet sind und die Lebensräume der Fische hegen. Der Schweizerische Fischereiverband hat sogar einen Ethikkodex herausgegeben. Dieser regelt, wie sich Fischerinnen gegenüber Fisch und Umwelt zu verhalten haben. Darüber hinaus werden sie darin aufgefordert, sich auch der Bewirtschaftung und der Erhaltung ausgewogener Gewässerökosysteme einschliesslich der Wiederherstellung und Renaturierung der Gewässer anzunehmen. Angesichts der Klimakrise braucht es Lösungen, denn auch die Biodiversitätskrise und die Energiekrise erfordern ein rasches Handeln. Da braucht es insbesondere für die Fische eine starke Lobby, denn sie zählen zu den bedrohten Lebewesen, die am wenigsten Gehör finden.

Nach dem Mittagessen packen wir unsere Sachen ein und räumen unsere Abfälle weg. Dann geht es zurück Richtung Ufer. Kurz vor dem Übertritt drehen wir uns noch einmal um und betrachten das schneebedeckte Eis. In den Gesichtern der Eisfischer scheint eine gewisse Melancholie zu liegen, denn sie wissen nicht, ob die Eisfischerei in ein paar Jahren überhaupt noch gefahrlos möglich sein wird. Der Abschied schwingt immer ein wenig mit.

INFORMATIONEN

Wissenschaftlich beratend zur Seite stand bei diesem Beitrag der promovierte Biologe und Zoologe Andreas Hertig. Von 2003 bis 2005 arbeitete er als Wissenschaftlicher Mitarbeiter bei der Sektion Fischerei des Bundesamts für Umwelt, Wald und Landschaft. Von 2005 bis 2018 war er Fischereiadjunkt des Kantons Zürich, seit 2018 ist er beim Fischereiinspektorat des Kantons Bern als Bereichsleiter Fischereimanagement tätig.

Obwohl die Schweizer Wasserqualität bei den klassischen Parametern gut scheint, beeinflussen verschiedene Faktoren das Wasser ungünstig und gefährden auch die Arten. Den Fischen und den Wasserwirbellosen, die den Fischen als Nahrungsgrundlage dienen, machen besonders Mikroverunreinigungen zu schaffen, die aus Industrie, Haushalt, Verkehr und Landwirtschaft stammen. Aber auch unsachgemässer Wasserbau, Wasserentnahmen und Kraftwerksnutzungen setzen den Fischbeständen zu. Aufgrund des Klimawandels nehmen die Trockenheits- und Hitzephasen zu. Dies führt dazu, dass die Verfügbarkeit von Wasser partiell eingeschränkt wird, was sich ebenfalls ungünstig auf die Verbreitung und das Überleben der Fische auswirkt. Zudem verändert die Erwärmung von Seen deren Sauerstoffgehalt. Mit sogenannten Revitalisierungsmassnahmen will man die Gewässerlebensräume verbessern und so die bedrohten Arten schützen.

Der nachhaltige Fischbesatz in den Schweizer Gewässern soll helfen, Defizite zu überbrücken. Aufgrund verschärfter Vorschriften haben sich die erhöhten Phosphor- und Stickstoffwerte zwar wieder reguliert und zu einer guten Wasserqualität geführt, dennoch sind die Fischbestände rückläufig. Eine Frage, welche die Forschung beschäftigt ist, ob die Fische aus der Zucht jene, die sich natürlich fortpflanzen, konkurrenzieren. Eine weitere soll klären, inwiefern Besatzmassnahmen überhaupt nötig sind, und ob eine Naturverlaichung langfristig die sinnvollere Gangart wäre.

Zu einer Überfischung kommt es immer dann, wenn mehr Fische aus einer Population entnommen werden als nachwachsen. Dass es nicht dazu kommt, dafür sorgen die schweizerische und die kantonalen Gesetzgebungen. So gibt es klare Regeln über Fangmindestmasse, Schonzeiten und Fangzahlbeschränkungen. Allfällige Übertretungen und Vergehen der Fischereivorschriften werden bestraft. Grundsätzlich lässt sich sagen, dass in den Schweizer Gewässern dadurch nachhaltig gefischt wird. Die Probleme der Fischbestände in der Schweiz liegen nicht bei der Fischerei, sondern bei den vielschichtigen menschgemachten Umweltproblemen.

WEITERFÜHRENDE LITERATUR

Bundesamt für Umwelt BAFU (Hg. 2022): Gewässer in der Schweiz – Zustand und Massnahmen. Online.

Bundesamt für Umwelt BAFU (Hg. 2018): Nachhaltiger Fischbesatz in Fliessgewässern. Online.

Fischereiverband Murten (Hg.): Ethik-Kodex. Online.

Schweizerische Fischereiberatungsstelle Fiber / Eawag acquatic research (Hg. 2016): Funktioniert der Fischbesatz in den Schweizer Seen? Online.

SLRG Schweizerische Lebensrettungsgesellschaft (Hg. 2012): Tragverhalten von Eis – Entscheidungshilfe für die Freigabe / Sperrung von Eisflächen auf natürlichen Gewässern. Online.

Bilder Seiten 119–122: Eisfischen auf dem Oeschinensee, Kandersteg (BE)

Köbi
Gantenbein
ALPINES BAUHANDWERK: ALTES UND
NEUES WISSEN VEREINEN
130

Michel
Roth
VIELSAITIGE INSTRUMENTE:
SCHÄCHENTALER SEILBAHNEN ALS
KLANGLICHE AKTEURE UND
RESONANZKÖRPER
137

Thomas
Egger
ATTRAKTIVER WOHNRAUM –
WESENTLICHER FAKTOR FÜR DIE
BERGGEBIETSENTWICKLUNG
144

Andreas
Weissen
«GOGWÄRGJINI»: VON ZWERGEN UND
WEITEREN SAGENGESTALTEN
151

NUTZEN
BENUTZEN
HEGEN
PFLEGEN

Dem PFLEGEN ist Nachhaltigkeit in die DNA eingeschrieben. Es beruht auf ständiger Übung, die den Meister im Handwerk macht. Es handelt sich um eine Beschäftigung, die uns mit der Materialität und den Herausforderungen der Welt, in der und von der wir leben, konfrontiert. Wir lassen uns darauf ein. So wird das PFLEGEN zur Gewohnheit, sich scheinbar selbstlos auf das Andere zu beziehen. Die Kontinuität dieser Beschäftigung gilt der Zukunft – unabhängig davon, ob wir uns auf die Pflege von Pflanzen, Landschaften und Tieren oder auf die Pflege von Schwächeren, von Säuglingen und Kranken, einlassen. Die Varianten von PFLEGEN sind breit und miteinander verzahnt: Aufsicht, Obhut, Fürsorge oder Wartung. Sie alle fallen in ein weites Bedeutungsfeld.

Das hat wahrscheinlich damit zu tun, dass sich PFLEGEN etymologisch auf das lateinische «plicare» im Sinne von «falten» oder «verwickelt sein» zurückführen lässt. PFLEGEN wir etwas oder jemanden, so sind wir darin «verwickelt», darin «eingefaltet» und von allen Seiten umgeben. Es handelt sich nicht um ein Beobachten, Reglementieren, Delegieren oder Kommandieren aus der Ferne, sondern um ein Einstehen für die Sache mit Haut und Haar. Wie schon bei unserer ersten Kategorie des Nutzens kommt es zu einem Geben – beispielsweise als Pflegeeltern, die jemandem Pflege angedeihen lassen – und zu einem Nehmen – wie bei den Pflegekindern, welche die Pflege empfangen. Innigkeit und Nähe zwischen aktivem und passivem Teil schlagen sich in der Austauschbarkeit der Wechselbeziehung zwischen Pflegenden und Gepflegten nieder. Dabei handelt es sich nicht um Selbstaufgabe oder Selbstaufopferung. Vielmehr bezieht sich die Pflege immer auch auf das Subjekt selbst, indem es sein eigenes Leben miteinbezieht als kompromisslosen Lebenstrieb.

Besonders erfahrbar werden diese Verschränkungen und Wechselbeziehungen der PFLEGE im Alpenraum. Hier bedürfen soziale Netze intensiver Pflege, weil sie überlebenswichtig sind. Sie materialisieren sich in gemeinsamen Seilbahnen, die selbst erklingen und wiederum kommunizieren. Auch der Wohnraum erfordert eine weitsichtige und multifunktionale Pflege. Dabei rücken Traditionen des Bauhandwerks mit lokalen Materialien ins Zentrum, die sich schon in vormoderner Zeit über Generationen bewährt haben und deshalb auch zukünftig bewähren werden. Nachhaltigkeit verschreibt sich so ganz den sozialen und natürlichen Ressourcen, die sich nie erschöpfen – solange sie gepflegt werden und solange wir auf den Ratschlag vom «Gogwärgji» hören, nie mehr vom Brot und vom Käse zu essen als nachwachsen kann.

Köbi
Gantenbein
ALPINES BAUHANDWERK: ALTES UND NEUES WISSEN VEREINEN

130

Holzbauten sind typisch für den Alpenraum. Bis in die 1960er Jahre war es üblich, Materialien wiederzuverwenden und zu reparieren. Ein geschlossener Kreislauf war damit Tradition – davon kann die alpine Architektur heute wieder lernen.

Eva Gredig ist Schindelmacherin im Safiental. Sie haut aus Lärchenholz Brettchen für Dachdecker, und sie macht Fichtenschindeln, die sie auf die Dächer der oft nicht mehr gebrauchten Ställe, Stuppli, Hütten und Härdställe nagelt und damit einen Beitrag zu deren Erhalt leistet. Ein paar Kilometer weiter in Ilanz hat Christian Aubry seine Werkstatt. Er ist Kalkbrenner und weiss, wie stabile, robuste und schöne Verputze hergestellt und aufgebracht werden. Die beiden sind Bauleute, die das Baugedächtnis bewahren und so ihr Geld verdienen. Die Dichte an handwerklichem Können gefällt mir am Bauen in den Alpen. Die Wucht der vereinheitlichten renditeorientierten Immobilien hat die Architektur noch nicht so homogenisiert, wie es in den Metropolitanzonen und ihren Agglomerationen der Fall ist. Im Bregenzerwald gibt es vielfach, was Eva und Christian und etliche über die Alpen Verstreute tun. Vor gut dreissig Jahren haben ihre Handwerkerkollegen in dieser Vorarlberger Region den «WerkRaum» aufgebaut. Ein Netz, eine Lobby, eine Wirtschaftsgemeinschaft, die das A und O jeder Architektur beherrschen: Konstruieren und Bauen. Dazu gehören Zimmerleute, Tischler, Baumeisterinnen, Elektriker, aber auch Schneiderinnen, Filzer und sogar eine Schuhmacherin – mittlerweile sind es über hundert Betriebe. Tradition und Neugierde für die technischen, sozialen und gesellschaftlichen Entwicklungen halten dieses Netz zusammen. Können und Kultur werden ihnen helfen, im Geschäft zu bleiben. Und ihr Bauhandwerk pflegt die Eigenart und Schönheit der Architektur in den Alpen.

VOM HANDFESTEN ZUM GROSSEN GANZEN

Bauen in den Alpen ist freilich so vielfältig, anspruchsvoll und verwickelt wie in den urbanen Zentren. Es ist anregend, jenseits der idyllischen gebirgigen Landschaft mit Wechselwirkungen zwischen Architektur und Topografie sowie zwischen unterschiedlichen sozialen Lebensformen und Ressourcen zu entwerfen und zu bauen. «Wenn das Spielfeld des Architekten keine Ebene ist, sondern dreidimensional plastisch geformt, müssen auch die Spielregeln anders sein. Was in den Bergen gebaut und verändert wird, strahlt über den Ort hinaus. Jeder Eingriff hat Fernwirkung im Guten wie im weniger Guten. Das Gelungene leuchtet weiter als in der Ebene, das Schlechte schmerzt über das Tal hinweg.» Das sagte mir Helmut Dietrich vom Vorarlberger Büro «Dietrich/Untertrifaller», als ich ihn für mein Buch «Bauen in den Alpen» nach der Besonderheit fragte. Er führt eines der grössten Architekturbüros in den Alpen mit Baustellen in den Grossstädten, im Hügelland und im Hochgebirge.

DIE ALPEN SIND EIN HOLZBAULAND

Und, wie viele seiner Vorarlberger Kollegen, ist Helmut Dietrich ein Hölziger. Er absolvierte eine Lehre im Holz, bevor er sich der Architektur widmete. Denn die Alpen sind ein Holzbauland. Gewiss, die Zentren der Erfindung im Holzbau sind die technischen Hochschulen in München oder in Lausanne. Die Weiterentwicklung aber ist eine Domäne der Holzbaubetriebe im Hügelland, und die Konstruktion ist eine wirtschaftlich ergiebige Arbeit in den Alpen, von der Arbeit im Wald bis in die Abbundhalle der Zimmerei. Zeitgenössischer Holzbau ist hoch entwickelte Technologie; die Zimmerleute, auch jene weit weg von den Zentren, verfügen über Fähigkeiten und Maschinen, um aus dem Holz Teile und ganze Häuser nicht nur für ihre Umgebung, sondern bis weit ins Flachland hinunter zu bauen. Holz aber ist nicht nur gut für die Konstruktion. Immer mehr Dörfer in den Alpen sind an Heizzentralen angeschlossen, in denen Holz für Wärme sorgt. Und so bleibt der Holzbau der Nukleus der Kreislaufwirtschaft: gewachsen im Gemeindewald, verarbeitet in der Zimmerei, genutzt für drei Generationen und verbrannt im Ofen. Und ein Muster der Zuversicht, wenn das Holz nicht aus den ewigen Wäldern Skandinaviens herbeigekarrt und mit Leim so verändert wird, dass es schliesslich auf dem Sondermüll zu landen hat. Gutes Holz ist eine Kreislaufwirtschaft und eine Architektur, die sich ohne grosses Tamtam und ohne Beschwörungen seit Generationen technisch, kulturell und wirtschaftlich bewährt hat. Solche Zuversicht ist ein notwendiger Beitrag, um die Klimaziele des Pariser Übereinkommens zu erreichen. Er genügt aber nicht. Sein Gewinn wird von der landläufigen Bauerei inner- und ausserhalb der Alpen verdorben. Andersherum: Vor dem Holzhaus mit zehn Wohnungen und effizienter Energiekennzahl stehen zehn Autos. Sie trüben den hölzernen Glanz allzu sehr.

DER MENSCH MUSS WOHNEN

Vorbildlich für gutes, zukunftsfähiges Wohnen ist das alpine Bauernhaus: Grundrisse, Materialien, Konstruktionen sind über viele Jahrzehnte hinweg in der Auseinandersetzung mit den rauen klimatischen Bedingungen entstanden. Sie sind der Inbegriff von «Suffizienz», für die heute so notwendige Genügsamkeit und Selbstbegrenzung. Es ist ein für die Klimapolitik zentraler Begriff. Denn ich bin mir sicher, dass wir nicht allein mit technischen Erfindungen und Entwicklungen den Klimawandel bremsen werden. Das Bauernhaus ist ein Labor für zukunftsfähiges Wohnen, auch wenn seine ehemaligen Bewohner der Schlag ob solcher Zumutung träfe. Wie genossen sie es doch, nach tausendjähriger Suffizienz die Wohltaten von Zentralheizung und des Warmwassers anzunehmen. Und freilich will ich keineswegs den Schindluder verkennen, den gut gefüllte Geldsäckel in alten Bauernhäusern anrichten, ihr Angebot und ihre Erfahrung für suffizientes Wohnen ins Groteske verziehend. Das Wohnexperiment aber heisst «verzichten, um zu gewinnen». Architektur- und Wohnexperimente ausserhalb der Alpen lernen von der Suffizienz des alpinen Bauernhauses, von seinem Grundriss aus Heiss-, Warm- und Kalträumen, den Veranden, den Gängen und den Luft- und Schattenflügeln statt aufwändiger Haustechnik-Maschinen. Das Vergnügen darf zu schätzen gelernt werden, dass am kühlen Abend der dicke Pullover zwar keine Energiekennzahl aufweist, aber mit wenig grauer Energie Körper und Seele wärmt.

KREISLAUF IN TRADITION

Schliesslich: Zur «Suffizienz» schlagen ihre Architektinnen vor, man möge doch Material und Konstruktion so konzipieren, dass sie endlos wiederverwendet werden können. Im alpinen Raum sehen wir noch gut, wie diese Idee das Bauen bis in die 1960er Jahre bestimmt hat. Wiederverwenden und Reparieren waren der Baukultur des Mangels geschuldet. Die Fantasie der Kreislaufbaumeister war gross, Wegwerfen ein Fremdwort. Mit Wucht haben Moderne, Fortschritt und die mit ihnen verbundenen Revolutionen im Planen und Bauen innert weniger Jahre mit diesem Gedächtnis aufgeräumt. Seit ein paar Jahren nun ist der Kreislauf wieder hoch im Kurs. Seine Architekten und Ingenieurinnen sind gut beraten, die noch bestehenden Bauten der Kreislaufzeit in den Alpen zu studieren und in Bezug auf sie Ideen zu entwickeln, wie die Not der Mangelwirtschaft mit den Vorzügen der zeitgenössischen Techniken verbunden werden kann.

INFORMATIONEN

Die ältesten erhaltenen Holzhäuser im Alpenraum können bis ins 12. Jahrhundert zurückverfolgt werden; so stammt beispielsweise das Wohnhaus «Bethlehem» in Schwyz aus dem Jahr 1287. Freilich war das Bauen mit Holz in Stadt und Land Sitte und Brauch bis weit ins 19. Jahrhundert. In Stein wohnte nur die schmale Oberschicht. In der aufbrausenden Moderne verdrängte Ziegelstein und Beton mehr und mehr das Holz als wichtigsten Baustoff. In der zweiten Hälfte des 20. Jahrhunderts holte Holz etwas auf, sodass heute gut zehn Prozent in Holz gebaut wird – allerdings eher im ländlichen, alpinen Raum als in den Städten.

Unter dem Namen «Constructive Alps» verleihen das Bundesamt für Raumentwicklung ARE und das Fürstentum Liechtenstein seit 2011 Auszeichnungen für klimavernünftiges Bauen und Sanieren. So ist eine Vorbildsammlung fürs klimavernünftige Bauen zwischen Ljubljana und Nizza entstanden – Holzbauten spielen dabei eine grosse Rolle.

In den letzten Jahren ist die Bedeutung von Holz als klimafreundliches Baumaterial gestiegen. Das hat auch zur Folge, dass Holz Ingenieure vermehrt interessiert – an der ETH Lausanne oder an der Fachhochschule Biel sind europaweit beachtete Zentren der Holzforschung und des Hightech in Holz entstanden. Für den ländlichen Raum ist Holz auch ökonomisch bedeutsam für Arbeitsplätze im Wald, in den Sägereien, Zimmereien, Schreinereien.

Die Verarbeitung von Holz schafft in der Schweiz rund 85 000 Arbeitsplätze. Dies entspricht einem Anteil von über acht Prozent der im industriell-gewerblichen Sektor Arbeitenden. Mit einem Schnitt von fünf bis sechs Arbeitsplätzen pro Werkstatt ist die Holzwirtschaft durch kleine Unternehmen geprägt. 42 Prozent der Arbeitsplätze sind in Schreinereien, ein Fünftel der Beschäftigten arbeitet in Zimmereien, die gefährliche Arbeit im Wald leisten auch dank kräftigen Maschinen wenige Leute. Bauen in Holz hat die Konkurrenz mit konventioneller Konstruktion in Ziegel, Kalkstein oder Beton zu bestehen – es ist gut zehn Prozent teurer.

WEITERFÜHRENDE LITERATUR

Bätzing, Werner (2015): Die Alpen. Geschichte und Zukunft einer europäischen Kulturlandschaft. München.

Gantenbein, Köbi (2021): Bauen in den Alpen. Klimavernünftige Architektur zwischen Ljubljana und Nizza. Zürich.

Gantenbein, Köbi et al. (2009): Himmelsleiter und Felsentherme. Architekturwandern in Graubünden. Zürich.

Huwyler, Edwin (2006): Blockbauten in den Alpen. Aus bestem Holz. In: Die Alpen 4. Schweizer Alpen-Club SAC.

Weiss, Richard (1959): Häuser und Landschaften der Schweiz. Erlenbach / Zürich. Neue Auflage 2017, Bern.

Weiss, Richard (1941): Das Alpwesen Graubündens. Wirtschaft, Sachkultur, Recht, Älplerarbeit. Erlenbach / Zürich.

Bild Seite 131: Haus auf Camanaboda, Safiental (GR), erstellt 1707, heute Heimatmuseum
Bild Seite 132: Mehrzweckhalle Bergün (GR), erstellt 1999

Michel
Roth

VIELSAITIGE INSTRUMENTE: SCHÄCHENTALER SEILBAHNEN ALS KLANGLICHE AKTEURE UND RESONANZKÖRPER

Die «Niederberger-Schiffli» und Wildheuseile schwingen im Takt des Wetters und der Jahreszeiten. Ihrem Zusammenspiel kann man lauschen und daraus zum Beispiel Technomusik produzieren.

«Benutzung bei starkem Wind untersagt», heisst es an der Talstation. Aber was ist starker Wind? Wo ist der Windmesser? Ich telefoniere mit dem Seilwart: Ja, die Bahn fährt, aber nur langsam. Später erfahre ich: Ein Windmesser sei vorhanden, aber eigentlich überflüssig. Man höre es, wenn es nicht mehr gehe. Das erlebe ich während meiner Streifzüge mit Mikrofon und Aufnahmegerät durchs Urner Schächental oft. Die Menschen orientieren sich mit den Ohren, horchen in alle Richtungen – vor allem nach oben, denn das Tal ist felssturzgefährdet. Eine Bergbäuerin erzählt mir, dass sie auf den Weiden täglich neu faustgrosse Steine findet und ins Tobel wirft. Plötzlich zeigt sie in den Schutzwald – nur das Bellen eines Rehs.

Tatsächlich gehört die «Klangprüfung» zum Repertoire vieler Seilbahntechniker. Ein Mitarbeiter der Ürner Seilbüdä in Erstfeld bestätigt mir: Jede Seilbahn sei ein Unikat mit eigenem Klang. Weiche dieser ab, stimme etwas nicht; aber manchmal sei es nur der Föhn.

Genau an diesem Klang bin ich interessiert. Wie bei einem Orchester kommt er durch das komplexe Zusammenspiel vieler Elemente zustande. Der Klang umfasst sowohl das System der Seilbahntechnik als auch dessen raue Umwelt und dokumentiert im zeitlichen Verlauf deren Veränderungen. Im Rahmen des SNF-Forschungsprojekts «Alpine Netze der Verbundenheit. Urner Seilbahnen als Aktanten und Aktionsräume» untersuchte ich diese Infrastruktur und ihre Nutzung mit akustischen Methoden und als partizipativer Beobachter.

VOM KLAVIERDRAHT ZUR DRAHTSEIL-GENOSSENSCHAFT

Abwegig ist der Ansatz nicht, Seilbahnen als Klangkörper zu betrachten. Denn im 19. Jahrhundert bildete der Klaviersaitenbau die Voraussetzung für die technologische Fertigung und Nutzung von Drähten und Seilen. Bis heute ist «Piano Wire Quality» ein Industriestandard bei Seilbahnen und verbindet Festigkeit mit Biegsamkeit. Blicken wir in Brügg am Eingang des Schächentals nach oben, so breitet sich vor unseren Augen ein riesiges Saiteninstrument aus: Von den Personenseilbahnen gehen an den Verkehrsknotenpunkten Eierschwand, Ebnet, Ruogig, Riedlig und Biel sternförmig zahlreiche Materialseilbahnen ab, die wiederum zu Höfen führen, deren Wildheuseile noch weiter ins unwegsame Gelände ausgreifen.

In der vorherrschenden Mehrstufenwirtschaft unterliegt das harmonische Zusammenspiel dieser Drähte dem Rhythmus der Jahreszeiten und garantiert bei fast jedem Wetter die sichere Erschliessung der Heimet, das heisst der einzelnen Höfe, und damit die Verbindung der Menschen. Diese betreiben und pflegen ihre Seilbahnen gemeinsam in Form von Drahtseilgenossenschaften, was die Streckenführung in eigenwilliger Art taktet: Die kurze Bahn aufs Eggenbergli weist vier Zwischenstationen mit Stützenausstiegen auf – schliesslich wollen alle ihren eigenen Bahnanschluss.

VIELSTIMMIGE TALSTATIONEN

So werden Seilbahnen zu Akteuren, die das Zusammenleben am Berg strukturieren. Talstationen fungieren als kollektive Garderoben, Transitorte, wo das Töffli eingestellt wird und man die schönen Schuhe mit den Gummistiefeln tauscht. Gleichzeitig sind sie wertvolle Begegnungsorte. Auf der markanten Geländestufe, wo heute die Mittelstation Riedlig steht, haben sich schon vor dem Bau der Seilbahn die Menschen verabredet. Solche Orte erweisen sich auch als Archive: Es ist für Aussenstehende oft

schwer ersichtlich, welcher Anschlag nun gilt, da das neue Betriebsreglement einfach neben das alte gehängt wird. Und an den Holzwänden dieser meist einfachen Schuppen notieren «Petzi-Gofä», wer gerade mit wem was hat. Auch im Tal kommt man schnell ins Gespräch. Es gilt, in einem der Privathäuser («bitte eintreten») einen Jeton zu organisieren oder mit einem altertümlichen Telefon die Fahrt anzumelden. Und wieder der Klang: Eine Frau macht mich darauf aufmerksam, dass die Bahn aufs Eggenbergli nur kurz klingle und dann losfahre, während die Bahn von Spiringen nach Chipfen einen «Heidenlärm» veranstalte, bis sie sich endlich bewege. Die wenigen Bahnen, die noch nicht gummierte Räder haben, kündigen ihr Kommen durch ein schwirrendes Geräusch an.

Die ortstypischen Niederberger-Schiffli sind mit ihren zwei Laufwerken und halboffenen Kabinen der Inbegriff einer systemisch seit Jahrzehnten kaum veränderten Technologie, deren Erfolg auf der flexiblen Nutzung und modularen Anpassungsfähigkeit beruht. Alte Bilder zeigen, dass man statt der Gondel auch mal eine Kuh angehängt hat. Grund genug, im Rahmen der klanglichen Erforschung die Seilbahnen einem musikalischen Belastungstest zu unterziehen. So ging ich mit meinen Musikstudierenden ins Feld. Wir versetzten in Form einer interaktiven Sonifikation diese Systeme in Schwingung und bespielten sie kollektiv mit unseren Instrumenten. Unvergesslich die Aktion eines Kontrabassisten und seiner klettertüchtigen Kollegin: Mit seinem Bogen stieg sie in ein Schiffli und strich die kilometerlange Saite einer Materialseilbahn an, während er sie sicherte. Es tönte wie ein mächtiges Nebelhorn, dessen langes Echo aus dem ganzen Schächental zurückgeworfen schien. Doch genau genommen war es nur die mit Kontaktmikrofonen hörbar gemachte Resonanz dieses Metallkörpers, ein Ausloten seines Innenraums – wovon niemand draussen im Tal etwas vernahm.

FLUGWARNKUGELN UND OBERTÖNE

Das stimmt nicht ganz: Ein Jäger aus Unterschächen erzählt mir, dass er manchmal nachts nicht schlafen könne, so heftig schaukeln sich die Eigenschwingungen des Seils hoch. Immer wieder wird mir von einem spontanen «Singen» berichtet, vor allem, wenn die Bahn nicht fährt und ein Wetterwechsel ansteht. Ausgedehnte akustische Messungen an verschiedenen Materialseilbahnen entlang der Klausenpassstrasse verdeutlichen, wie diese verspannten Drahtseile hochsensibel auf Wind und Temperatur, Erdbewegungen, Vögel und schaukelnde Flugwarnkugeln reagieren – aber auch auf Motorräder und Heubläser. Anekdotisches und Komplexes erfährt in diesen tonnenschweren Resonanzsaiten eine Mittelung und wird Teil von sich über Stunden und Tage hinziehenden Klangveränderungen. Zwischen Berg und Tal per-sonifizieren sich unterschiedlichste Wellenformen und Knotenpunkte als groovige Tanzrhythmen oder Obertongesänge. In der Technoszene hat sich das bereits herumgesprochen und finden meine Tonaufnahmen Verwendung. Darüber hinaus sind weiterführende Nutzungen denkbar: so die Aufzeichnung grosser sozioökonomischer und klimatischer Veränderungsprozesse und ihrer Einflüsse auf das (akustische) Ökosystem.

Der globale Wandel gefährdet nicht nur die Alpen, sondern auch ihre lokalen Möglichkeiten seiner Dokumentation. Es bleibt zu hoffen, dass trotz intensiviertem Strassenbau und trotz verlassenen Höfen die stets wandelbaren Nutzungen von Seilbahnen mitbedacht werden und man dieses einzigartige Netzwerk der sanften Erschliessung pflegt – damit die vielsaitigen Instrumente weiterklingen und die geschulten Schächentaler Ohren ihnen weiterhin lauschen.

INFORMATIONEN

Das dichte Netz an Seilbahnen und Wildheuseilen im Urner Schächental kann als Musikinstrument betrachtet werden, dessen Zusammenklingen und temporale Performanz systemische Erkenntnisse des Lebens und Zusammenlebens in den Bergen vermitteln.

Die im Zuge des Forschungsprojekts «Alpine Netze der Verbundenheit» (2020/21) aufgezeichneten Klänge weisen überdies eine ästhetische Relevanz auf, sind lokal identitätsstiftend und sensibilisieren die akusmatische Wachsamkeit gegenüber der Umwelt.

Aufzeichnungen der spontanen Seilschwingungen erlauben Anwendungen im Bereich der Klangkunst (u. a. Techno, Sound Art) und der Wissenschaft (u. a. Sozioökonomie, Klimatologie).

Mit Ziel einer Dissemination dieser Klänge und ihres Langzeitmonitorings ist 2021/22 das Nachfolgeprojekt «Seilsender» entstanden (gefördert von Pro Helvetia), wo mittels einer kleinen Messstation das «Singen» der Seile live ins Internet gestreamt werden kann.

WEITERFÜHRENDE LITERATUR

Datenbank des ehemaligen Instituts für Seilbahntechnik der ETH Zürich (Prof. Gábor Oplatka) auf der Webseite seilbahnen.org.

Forschungsblog und kommentierte Klangbibliothek zum Projekt «Alpine Netze der Verbundenheit» auf der Webseite der Fachhochschule Nordwestschweiz.

Livestream, Bauanleitung und Archiv des «Seilsender»-Projekts auf der Webseite seilsender.ch.

Zur technologischen Entwicklung der Piano Wire Quality: Freebourn, Norbert E. (1990): «A Brief History of Wire Rope». In: Wire Rope News & Sling Technology (Dezember), 22–32.

Zur Methodologie des Forschungsprojekts: Hunt, Andy / Hermann, Thomas (2011): «Interactive Sonification». In: Hermann, Thomas / Hunt, Andy / Neuhoff, John G. (Hg.): The Sonification Handbook. Berlin, 273–298.

Eindrückliche Hörbeispiele zu den beschriebenen Phänomenen finden sich im Online-Artikel auf www.syntopia-alpina.ch

Bild Seite 139: Luftseilbahn Witterschwanden–Acherberg, Schächental (UR)
Bild Seite 140: Luftseilbahn Ribi–Wannelen, Schächental (UR)

Thomas
Egger
ATTRAKTIVER WOHNRAUM – WESENTLICHER FAKTOR FÜR DIE BERGGEBIETSENTWICKLUNG

Bergdörfer könnten vom derzeitigen Trend «zurück aufs Land» profitieren. Junge Erwachsene möchten ihre Zukunft oftmals in Berggemeinden, in denen sie aufgewachsen sind, aufbauen. Doch dafür fehlt der entsprechende Wohnraum. Was kann getan werden?

Die Berggebietspolitik zu gestalten, ist eine spannende und vielfältige Aufgabe. Darauf angesprochen, was denn die wichtigsten Themen hierzu sind, werden rasch die Klassiker wie Tourismus, Wasserzins oder Landwirtschaft genannt. Doch welche Themen sind eigentlich für die Jugendlichen im Berggebiet wichtig? Welche Voraussetzungen müssen erfüllt sein, damit sie auch nach dem Abschluss der Lehre oder des Studiums in ihren Bergdörfern wohnen bleiben?

DIE ANLIEGEN DER JUGENDLICHEN AUFNEHMEN
Genau diese Fragen haben wir seitens der Schweizerischen Arbeitsgemeinschaft für die Berggebiete SAB Jugendlichen aus verschiedenen Berggemeinden gestellt, welche unser Label «Jugendfreundliche Bergdörfer» tragen. Die Antworten sind eindeutig. Drei Viertel aller Jugendlichen möchten gerne in ihren Gemeinden wohnen bleiben. Sie sehen dort durchaus Zukunftspotenzial. Es sind vor allem drei Faktoren, die für die Jugendlichen entscheidend sind: die Verfügbarkeit von preiswerten Mietwohnungen, eine gute Erreichbarkeit mit dem öffentlichen Verkehr und attraktive Freizeitangebote.

Ein Schlüsselfaktor ist die Verfügbarkeit von preiswerten Mietwohnungen. Denn Jugendliche können sich nach dem Abschluss der Ausbildung noch keine Eigentumswohnung leisten. Zudem wissen sie oft noch nicht, wie ihr Lebensentwurf aussieht. Werden sie längerfristig im Bergdorf bleiben? Wie wird sich ihre private und berufliche Situation entwickeln? Sie suchen in erster Linie preisgünstige Mietwohnungen – und finden keine. In vielen Bergdörfern gibt es zwar leer stehende Wohnungen, doch diese entsprechen oft nicht modernen Bedürfnissen.

MEHRFACHER NUTZEN FÜR GEMEINDEN

Hier könnten die Gemeinden einspringen. Warum nicht ein älteres, leer stehendes Gebäude aufkaufen, sanieren und anschliessend an junge Einheimische vermieten? Oder Bauland im Baurecht an eine Wohnbaugenossenschaft abgeben, die dafür preiswerte Wohnungen erstellt? Samedan (GR) beispielsweise hat genau dies getan und Wohnraum geschaffen, welcher exklusiv für Jugendliche zwischen 18 und 25 Jahren bestimmt ist. Für die Gemeinde entsteht ein mehrfacher Nutzen. Die Jugendlichen bleiben vor Ort, die Abwanderung wird gestoppt und die Gemeinde erhält langfristig Mieteinnahmen und Steuererträge. Ein spannender Ansatz sind auch Mehrgenerationenhäuser, da dadurch der Dialog zwischen den Generationen in den Bergdörfern gestärkt werden kann.

Jede Gemeinde hat andere Voraussetzungen. Auch touristisch geprägte Gemeinden kämpfen mit fehlenden Mietwohnungen. Dies aber aus einem ganz anderen Grund. Der Wohnungsmarkt ist ausgetrocknet und die Wohnungen fehlen vor allem für die saisonalen Arbeitskräfte und zum Teil sogar für die Einheimischen. Auch Familien und Senioren haben ganz spezifische Bedürfnisse. Gefragt ist also Wohnraum, der auf die unterschiedlichen Bedürfnisse zugeschnitten ist. Zudem ist derzeit in vielen Bergregionen ein Trend «zurück aufs Land» spürbar. Homeoffice hat sich mit der Corona-Pandemie als Arbeitsform etabliert. Wer auch nur ein oder zwei Tage in der Woche von zuhause aus arbeitet, nimmt dafür an den anderen Tagen längere Pendeldistanzen in Kauf.

EINSCHRÄNKUNGEN UND HANDLUNGSOPTIONEN

Dieser Trend «zurück aufs Land» ist eine einmalige Chance für viele Bergdörfer. Zuzügerinnen suchen teils sogar gezielt Wohnraum in den Bergen, da sie von der schönen Landschaft und Natur profitieren

möchten. Und eine Pendlerdistanz von einer halben Stunde ist für sie ein Klacks. Wenn die Nachfrage so gross ist, wäre es doch naheliegend, wenn neue (Miet-)Wohnungen gebaut würden. Doch so einfach ist das nicht. Kapitalkräftige institutionelle Anleger wie Banken und Pensionskassen scheuen sich (noch), in Projekte in Bergdörfern zu investieren. Neubauten werden zudem stark eingeschränkt durch die Raumplanungsgesetzgebung. In vielen Bergdörfern kommt dazu die Zweitwohnungsgesetzgebung, die paradoxerweise nicht nur Zweitwohnungen, sondern auch den Erstwohnungsmarkt betrifft.

Was sollen die Gemeinden in dieser Situation tun? Ein neuer Leitfaden, herausgegeben vom Bundesamt für Wohnungswesen BWO und der SAB, zeigt Handlungsoptionen auf. Wichtig ist, dass die Gemeinden zusammen mit der Bevölkerung eine klare räumliche Entwicklungsstrategie erarbeiten. Bestandteil einer derartigen Entwicklungsstrategie ist die Wohnraumpolitik. Auf die Bedürfnisse der Einheimischen und Neuzuzüger ausgerichtet, kann sie Wohnräume einer Gemeinde nachhaltig stärken. Ein zentrales Steuerungs- sowie strategisches Führungsinstrument jeder Gemeinde bildet dabei die Raumplanung. Die Gemeinde kann nicht nur steuern, was wo gebaut wird – sie kann auch Renovationen und Umbauten fördern, um den Dorfkern zu beleben.

Wohnraum schaffen allein genügt nicht. Dieser besteht immer innerhalb eines sozialen Netzwerks, das der Pflege bedarf. Dazu gehören auch infrastrukturelle Einrichtungen wie Kindertagesstätten, Schulen, eine gute Erreichbarkeit mit dem öffentlichen Verkehr und Freizeitangebote. So wird klar, dass eine Wohnraumpolitik idealerweise in Zusammenarbeit mit den Nachbargemeinden entwickelt wird. Diese Angebote müssen bekannt gemacht werden, sodass potenzielle Neuzuzüger sie auch wahrnehmen. Das Gemeinschaftsprojekt «valais4you» im Oberwallis ist diesbezüglich schweizweit vorbildlich.

WOHNRAUMPOLITIK IST AUCH STANDORTPOLITIK

Finanzielle Unterstützung für die Wohnraumförderung gibt es unter anderem vom Bund. Doch leider werden im eidgenössischen Parlament die bescheidenen Budgets des Bundesamts für Wohnungswesen immer wieder in Frage gestellt und reduziert. Für die Zukunft muss sich die Erkenntnis durchsetzen, dass eine aktive Wohnraumpolitik ein wichtiges Element der Standortpolitik und der Berggebietspolitik ist. Ohne attraktiven Wohnraum können sich Gemeinden nicht entwickeln. Standortpolitik und Wohnraumförderung müssen deshalb gestärkt werden und noch enger zusammenarbeiten – damit Wohnen in den Bergen Zukunft hat.

INFORMATIONEN

Ziel des Leitfadens «Attraktives Wohnen in Berggebieten» ist es, Gemeinden in Bergregionen bei einer aktiven Wohnstandortpolitik zu unterstützen.

Der seit 1943 bestehende Verein Schweizerische Arbeitsgemeinschaft für die Berggebiete SAB vertritt die Interessen der Berggebiete und ländlichen Räume und informiert die Öffentlichkeit über deren Anliegen.

Jugendliche aus diversen Berggemeinden gestalten ihre Zukunft in den Berggebieten im Rahmen des Labels «Jugendfreundliche Bergdörfer» mit. Dadurch wird der Abwanderung entgegengewirkt.

WEITERFÜHRENDE LITERATUR

Bundesamt für Wohnungswesen BWO / Schweizerische Arbeitsgemeinschaft für die Berggebiete SAB (2022): Attraktives Wohnen in Berggebieten. Ein Leitfaden für Gemeinden. Bern, Oktober.

Schweizerische Arbeitsgemeinschaft für die Berggebiete SAB (2023): Anliegen des Jugendforums der SAB an die nationale Politik. März.

Bild Seiten 146 / 147: Intragna, Centovalli (TI)

Andreas
Weissen
«GOGWÄRGJINI»: VON ZWERGEN UND WEITEREN SAGENGESTALTEN

Schon früher haben Menschen Grenzen missachtet und dadurch Naturkatastrophen ausgelöst – zumindest in alpinen Sagen. Diese erzählen von «gutwerkenden» Zwergen und menschlichem Fehlverhalten. Doch den Zwergen wurden die Menschen zu dumm und zu brutal, und sie verschwanden. Dabei könnten wir von ihnen lernen.

Erzählen ist meine Leidenschaft. Sagen haben mich schon als kleines Kind fasziniert und seither nicht mehr losgelassen. Besonders reizvoll finde ich, die angeblichen Schauplätze der oft unheimlichen, stets aussergewöhnlichen Ereignisse und Begegnungen zu besuchen, die zunächst nur mündlich überliefert und erst später niedergeschrieben wurden. Doch die so genannten Spuren in der Landschaft wie der Fussabdruck des Teufels auf der Felsplatte oder das versteinerte Butterfass am Wegrand vermochten mich bislang nicht zu überzeugen. Auch ist mir bei einer nächtlichen Gletscherquerung noch nie eine Arme Seele begegnet, die im Eis für ihre Sünden büssen muss. Ich bin halt kein Temperkind, gehöre nicht zu den in der Quatemberzeit Geborenen, denen ein besonderes Gespür für «parapsychologische Phänomene» nachgesagt wird. Und doch erzähle ich seit über fünfzig Jahren Sagen und wilde Geschichten, vorab aus dem Wallis. Bei der Ausgleichskasse des Kantons lautet meine Berufsbezeichnung «selbstständiger Sagenerzähler».

EINE PARABEL ZUR NACHHALTIGKEIT
Viele der über 2300 Volkserzählungen, die der Sagenforscher Josef Guntern im deutschsprachigen Wallis gesammelt hat, strotzen nur so von Moralin. Sie können den Heutigen nur mehr ohne den belehrenden Schlusssatz für eine christliche Lebensführung erzählt werden. Andere dagegen kommen frisch und aktuell daher, zum Beispiel «Genug Käse und Brot»:

Ein Bauer musste wegen dringender Besorgungen ins Tal und kehrte erst nach drei Tagen auf die Alp zurück, mit klopfendem Herzen: Denn sein Vieh war drei Tage allein gewesen, und er befürchtete das Schlimmste. Doch die Kühe weideten, ihre Euter sahen gemolken aus, vom Kamin der Hütte stieg Rauch auf und auf der Bank davor stand das Melkgeschirr frisch gewaschen. Ein Zwerg (Walliserdeutsch «Gogwärgji») hatte die Arbeit verrichtet. Der Bauer dankte und fragte nach dem Lohn. Der Zwerg wollte bloss ein Brot und einen Käse und erklärte, davon könne er sich den Rest seines Lebens ernähren. Der Bauer war mehr als erstaunt und fragte nach. Er esse halt nie mehr als die Hälfte, dann wüchsen Käse und Brot in der Nacht wieder nach, erklärte der Zwerg, und er erfüllte den Wunsch des Bauern, schnitt eine Linie mitten durch die Laibe und verschwand mit der Ermahnung, nie mehr als die Hälfte zu essen. Tatsächlich konnte der Bauer den ganzen Sommer über vom selben Brot und vom selben Käse essen. Am Morgen waren beide wieder rund und ganz. Als er aber am Abend der Alpabfahrt mit seinen Kollegen zu viel getrunken hatte, lud er sie nach Hause ein und tischte den Käse und das Brot des Zwergs auf. Und die Gesellschaft ass alles auf, bis auf ein paar Brotkrümel und Käserinden, die sich Maus und Katz geschwisterlich teilten. Nun war nichts mehr vorhanden, was nachwachsen konnte ...

VOM ÜBERSCHREITEN VON GRENZEN

Verstösse gegen Verbote, ja bereits gegen Gebote haben in der Sagenwelt der Alpen oftmals katastrophale Folgen. Bekannt ist die Sage von der Blüemlisalp im Berner Oberland, wo ein Senn den Weg zur Hütte seiner Geliebten mit Käselaiben pflasterte, seinem blinden Vater jedoch Mist aufs Brot strich – und somit gleich drei schwere Sünden beging: Unkeuschheit, Vergeudung von Nahrungsmitteln und Verachtung der Eltern. In der Nacht wurde die herrliche Blumenalp mitsamt dem Sennen und seiner Gespielin unter eine Eislawine begraben. Oder als die Bewohnerinnen und Bewohner der Stadt Felik im Vallon de Lys im Aostatal einem Bettler

nicht nur das Essen, sondern auch noch einen Schluck Wasser verwehr-
ten, begann es zu schneien, bis die Stadt in den Schneemassen versank:
ein Verstoss gegen die biblischen Werke der Barmherzigkeit. Und die be-
kannteste slowenische Sage erzählt von Zlatorog, einem Gämsbock mit
goldenen Hörnern, welcher die Alpenblumengärten auf der Hochebene
beim Triglav hütete. Es war tabu, auf diesen Gämsbock zu schiessen. Alle
hielten sich daran, bis ein verliebter Jüngling das Tier niederstreckte, um
die goldenen Hörner seiner Angebeteten zu bringen. Doch der schwer ver-
letzte Zlatorog stand wieder auf und stiess den Jäger in den Abgrund.
Dann zerstörte er in blinder Wut über den Verrat der Menschen den Al-
pengarten. Die Rillen in den unzähligen Karstfeldern seien die Spuren von
Zlatorogs Hörnern, sagt der Volksmund.

Menschliches Fehlverhalten wird in der Sagenwelt häufig als
Auslöser von Naturkatastrophen gesehen. Lawinen, Gletscherabbrüche,
Murgänge, Bergstürze töten Menschen und Haustiere und zerstören Hab
und Gut oder paradiesische Landschaften, weil die Menschen Grenzen
missachten. Hier finden wir Parallelen zur aktuellen Klimaerwärmung und
zum rasanten Verlust an Biodiversität: Grenzen des Wachstums und Grenzen der Belastbarkeit unserer Ökosysteme werden wider besseres Wissen
missachtet, und wir fahren buchstäblich mit Vollgas Richtung Abgrund.
Gefährlich bei Katastrophen ist jedoch die Jagd nach Sündenböcken. Hun-
derte, ja Tausende von Menschen, vor allem Frauen, wurden in Europa als
Wetterhexen oder Schadenszauberer verhaftet, gefoltert und verbrannt.

VOM VERSCHWINDEN DER ZWERGE

Zwerge, Teufel und rückkehrende Seelen (Geister) sind popu-
läre Sagengestalten. In der Walsersiedlung Macugnaga im piemontesi-
schen Anzascatal heissen die Zwerge «Güötwärchjini», was man mit «Gut-
werkende» oder «Gutwirkende» übersetzen kann. Tatsächlich sind die
Zwerge in den Sagen fast ausnahmslos sehr hilfsbereit und flink, und sie
können mehr als die Menschen; beispielsweise mit einem Korb Wasser

holen, entgegen allen Regeln der Physik, ausser das Wasser wäre in gefrorenem Zustand. Sie wissen auch, wo die Kristalle, Eisenerze und Goldadern in den Bergen verborgen sind. Und für den Alpenraum sehr wichtig: Die Zwerge haben die Menschen die Verarbeitung der Milch gelernt, die Herstellung von Butter, Käse und Ziger. Ja, ein Zwerg wollte den Menschen noch zeigen, wie man aus Molke (auch «Sirte» oder «Chäsmilch») Kerzenwachs gewinnen könnte. Doch durch einen dummen Streich vertrieben diese ihren Lehrer.

Die Zwerge verschwanden laut den Sagen nicht nur wegen der Dummheit der Menschen, sondern auch wegen deren Hartherzigkeit, Verachtung, Ausgrenzung, ja sogar brutalen Gewalt. Ein Säumer im Haslital ärgerte sich über einen Zwerg, der vor ihm auf schmalem Weg mit seinen kleinen Beinen nur langsam vorwärtskam. Also schlug er den Winzling mit der Peitsche, bis der tot umfiel. Da erhob sich ein Geschrei, aus allen Löchern strömten Zwerge vorbei und trugen ihren ermordeten Kollegen davon und verschwanden für immer. In Macugnaga wird erzählt, dass bei der grossen Linde eine Mutter mit ihrem jüngsten Mädchen sass. Da kam eine alte Zwergin vorbei, und das Kind begann sie zu verspotten, nicht nur weil sie so klein war, sondern weil ihre Füsse «umgekehrt» waren, also die Fersen vorne und die Zehen hinten. Der Spott ärgerte die Zwergin derart, dass sie zuoberst auf die Linde stieg, ein Wollknäuel in die Höhe warf und an dem sich abrollenden Faden bis zu den Wolken hinaufkletterte.

HOMO NARRANS

Sagen sind nicht bloss kuriose Erzählungen aus längst vergangenen Zeiten, als es noch keine Elektrizität gab und «digital» ein Fremdwort war. Sie thematisieren und kritisieren menschliche Verhaltensweisen, Irrungen und Wirrungen, die heute leider immer noch aktuell sind. Also lösche ich das Licht, zünde eine Kerze an und beginne zu erzählen, von den Vorderen und meine die Heutigen. Homo narrans.

TOTGESAGTE LEBEN LÄNGER!

1872 haben die beiden Geistlichen Peter Joseph Ruppen und Moritz Tscheinen die erste Sammlung von Walliser Sagen veröffentlicht. Im Vorwort zu den zwei Bändchen beklagten sie, dass «die Volkspoesie» scheu geworden sei und nur mehr ganz selten Geschichten erzählt würden. Deshalb hätten sie Erzählungen, die sie in ihrer Jugend gehört hatten, aufgeschrieben, damit sie nicht in Vergessenheit gerieten. Auch die späteren Autoren (es waren ausschliesslich Männer) veröffentlichten diese, um ein Stück «immaterielles Kulturerbe» der Nachwelt zu erhalten. Doch verwendeten sie dabei «Güöttitsch» (gutes Deutsch) und nicht «Schlächttitsch» (schlichtes Deutsch), notierten also die Geschichten in einer Kunstsprache, nicht in der Sprache des Volkes. Das umfassendste Werk sind die «Volkserzählungen aus dem Oberwallis» von Josef Guntern mit über 2300 Sagen, Legenden, Märchen und Anekdoten aus dem deutschsprachigen Wallis – eine Fundgrube, erschlossen mit Orts-, Personen- und Sachregister.

In den 1960er Jahren erzählte Karl Biffiger regelmässig Walliser Sagen im damaligen Radio Beromünster, dem Schweizer Landessender. Ein wertvolles Tondokument seiner Erzählkunst ist der Mitschnitt eines Vortrags im Berner Kleintheater «Die Rampe» im Jahr 1972, veröffentlicht 2005 unter dem Titel «Der Rollibock» als Hörbuch. 1995 sendete das Schweizer Fernsehen eine Woche lang live aus der Aletschregion mit einer jeweils zweiminütigen Sagenerzählung von Andreas Weissen.

Zurzeit gibt es im Oberwallis rund ein Dutzend Erzähler, die regelmässig vor Publikum auftreten. Auch setzen Walliser Künstlerinnen Gestalten, Motive und Geschichten aus der Sagenwelt musikalisch oder bildnerisch um. Schliesslich entdecken Tourismusverantwortliche die Sagenwelt, richten Sagenwege ein, organisieren Sagenwanderungen und kreieren den Grossanlass «Hexenabfahrt Belalp». Kurz: Auch wenn kaum jemand mehr an die alten Geschichten glaubt, wird im Wallis gerne erzählt, in altväterischer und moderner Manier.

LITERATUR

Crosa Lenz, Paolo (2012): Leggende delle Alpi. Il mondo fantastico in Val d'Ossola. Domodossola.

Guntern, Josef (1978): Volkserzählungen aus dem Oberwallis. Sagen, Legenden, Märchen, Anekdoten aus dem deutschsprachigen Wallis. Basel.

Walser Biffiger, Ursula (2021): Bergmütter, Quellfrauen, Spinnerinnen. Sagen und Geschichten aus dem Wallis. Zürich.

Weissen, Andreas (2022): Sagengipfel. Von Tanzböden und Hexenprozessen. In: Ders. (Hg.): Binntal – Veglia – Devero. Naturparkwandern ohne Grenzen zwischen Wallis und Piemont. Zürich.

Weissen, Andreas (2013): Blüemlisalp. Apokalypsen in Alpensagen und im Alpenschutz. In: Lox, Harlinda / Capiaghi, Caroline / Lutkat, Sabine (Hg.): BergWelt in Märchen, Sagen und Geschichten. Europäische Märchengesellschaft, Band 38. Kiel.

Bild Seite 153: Roggenbrot AOP (VS)

LOREDANA BEVILACQUA

ist an der Universität Luzern wissenschaftliche Assistentin bei Prof. Dr. Patrick Kury und ihrem Promotionsbetreuer Prof. Dr. Daniel Speich Chassé. Sie untersucht in ihrer Dissertation, wie insbesondere Mikrocomputer ab den späten 1970er Jahren in die Schweizer Privathaushalte kamen. Im Zentrum stehen die Generierung von Digitalität im Alltag und die damit verbundenen gesellschaftlichen Veränderungen und Phänomene.

ANNINA BOOGEN

studierte Umweltnatur- und Energiewissenschaften, arbeitete als promovierte Umweltökonomin an der ETH Zürich (2016 – 2022) und forscht seit 2020 am Zentrum für Energie und Umwelt an der Zürcher Hochschule für Angewandte Wissenschaften (ZHAW). Zwischen 2017 und 2020 studierte sie im MA «Transdisziplinarität in und mit den Künsten» an der Zürcher Hochschule der Künste (ZHdK). In ihrer transdisziplinär forschenden Praxis interessiert sie sich für die sinnliche Wahrnehmung von Staudämmen und andere erneuerbare Energieinfrastruktur.

MADLAINA BUNDI

begleitet seit über zwanzig Jahren Publikationsprojekte von der Konzeption über das Fundraising bis zur Umsetzung und Vermarktung, von 2013 bis 2018 als Partnerin und Co-Geschäftsführerin im Verlag Hier und Jetzt. Zudem ist sie als Historikerin tätig mit Schwerpunkt Sozial- und Wirtschaftsgeschichte, 19. und 20. Jahrhundert, sowie als Geschäftsführerin der Schweizerischen Gesellschaft für Volkskunde.

THOMAS EGGER

Geograf, ist seit 2002 Direktor der Schweizerischen Arbeitsgemeinschaft für die Berggebiete SAB und wohnt in Visp. In dieser Funktion setzt er sich für die politische Interessensvertretung für die Berggebiete und die ländlichen Räume ein. Zudem engagiert er sich in verschiedenen Regionalentwicklungsprojekten in der Schweiz und auf internationaler Ebene. Thomas Egger vertrat den Kanton Wallis im Nationalrat von 2017 bis 2019.

ELISA FRANK

hat am Institut für Sozialanthropologie und Empirische Kulturwissenschaft der Universität Zürich im Rahmen des SNF-Projekts «Wölfe: Wissen und Praxis» zur Rückkehr der Wölfe in die Schweiz als kulturellem und sozialem Prozess geforscht und promoviert. Sie interessiert sich für Mensch-Umwelt-Beziehungen, alpine Räume, Regionalität und Erinnerungskulturen.

KÖBI GANTENBEIN

war viele Jahre lang Chefredaktor und Verleger der Zeitschrift Hochparterre. Seine Themen sind Landschaft, Planen, Bauen und Leben in den Alpen. Er wohnt in Fläsch im Kanton Graubünden und ist Präsident der Kulturkommission seines Kantons. Er ist ein Fussgänger: Noch muss er der Calancasca im Calancatal und dem letzten Stück des Hinterrheins zum Rheinwaldhorn entlangwandern, dann ist er allen Flüssen Graubündens nachgelaufen.

KURT GRITSCH

ist freischaffender Historiker mit den Forschungsschwerpunkten Migrationsgeschichte, historische Konfliktforschung und Rezeptionsgeschichte. Von 2014 bis 2017 war er Mitarbeiter am Institut für Zeitgeschichte der Universität Innsbruck und 2021 Gastdozent am Historischen Seminar der Universität Luzern. Seit 2021 erforscht er den Zusammenhang zwischen Tourismus und Migration in einem dreijährigen, länderübergreifenden Projekt an den Beispielen St. Moritz, Lech am Arlberg und Meran.

WILFRIED HAEBERLI

ist emeritierter Professor der Physischen Geographie an der Universität Zürich und Experte für Gletscher, Permafrost, Klimafolgen und Naturgefahren im Hochgebirge. Von 1986 bis 2010 war er Direktor des World Glacier Monitoring Service des Umweltprogramms der Vereinten Nationen. Für die langfristige Permafrost-Beobachtung in Europa und weltweit hat er wesentliche Impulse gegeben. Seine Forschungs- und Beratungstätigkeit betrifft heute insbesondere Optionen und Risiken beim Umgang mit neuen Seen und Hochgebirgslandschaften im Zusammenhang mit dem klimabedingten Eisschwund.

NIKOLAUS HEINZER

ist Postdoc-Assistent am Institut für Sozialanthropologie und Empirische Kulturwissenschaft der Universität Zürich. Gemeinsam mit Elisa Frank forschte er im Rahmen eines SNF-Projekts zur Rückkehr der Wölfe in die Schweiz als kulturellem und sozialem Prozess. Aktuell untersucht er Inwertsetzungspraktiken im Bereich der Gewässerrenaturierung.

ROMAN HÜPPI

ist wissenschaftlicher Experte für landwirtschaftliche Klimaschutzprojekte. Er hat am Agroscope und an der ETH Zürich zu Pflanzenkohle und nachhaltigen Landwirtschaftssystemen geforscht und befasst sich mit Emissionsreduktionen und Senken-Leistungen der Landwirtschaft. Er hat das Netzwerk «Klimabuur» initiiert, welches Projektentwicklung und Beratung in regenerativer Landwirtschaft und Agroforst anbietet.

ELISABETH JORIS

ist freischaffende Historikerin und lebt in Zürich. Sie hat mehrere Bücher und zahlreiche Beiträge zum Forschungsschwerpunkt Geschlechtergeschichte im 19. und 20. Jahrhundert veröffentlicht, unter anderem zur Frauenbewegung, Erwerbsarbeit, Hauswirtschaft, Verwandtschaft, Migration, zum Tunnelbau und zur Geschichte der Alpen. Als wissenschaftliche Beraterin begleitete sie verschiedene Ausstellungs- und Filmprojekte, so 2007 die lokalen Ausstellungen zum Tunnelbau in den Alpen auf dem Gotthard, in Brig und in Göschenen.

SIBYLLE LUSTENBERGER

ist Anthropologin am Departement für Sozialwissenschaften der Universität Fribourg. Im Rahmen des SNF-Forschungsprojekts «Maintaining Relations: Community-owned Hydropower Infrastructure Through Time» untersucht sie die gesellschaftliche Organisation von Stromproduktion im Kanton Uri. Sie widmet sich dabei insbesondere der Frage, welche Faktoren dazu führen, dass lokal kontrollierte Stromproduktion Bestand hat und welche Rolle Geschlecht und Verwandtschaft dabei spielen.

ANDREA MEIER

promovierte 2018 an der Philosophischen Fakultät der Universität Potsdam im Fach Kulturwissenschaften. Sie ist als freie Filmemacherin und Fotografin sowie als Kulturjournalistin für mehrere Redaktionen des Schweizer Fernsehens und 3sat tätig. Meier moderierte bis 2017 das 3sat-Fernsehfeuilleton «Kulturzeit» und arbeitete davor für ARTE, ZDF und n-tv. Am Urner Institut Kulturen der Alpen der Universität Luzern forscht sie aktuell über die Poesie des Eisfischens und die Wiederentdeckung der Stille.

EVA-MARIA MÜLLER

ist Literatur- und Kulturwissenschaftlerin an der Universität Innsbruck. Seit ihrer Promotion an der Universität Giessen 2020 forscht sie im Bereich der interdisziplinären Mountain Studies. Sie interessiert sich für ökokritische Fragestellungen, die Schnittstelle zwischen Sport und Literatur sowie für das Zusammenspiel von Repräsentation und Macht. Zurzeit arbeitet sie gemeinsam mit Christian Quendler und Michael Fuchs in einem FWF-Projekt, das sich mit Delokationen des Bergfilms beschäftigt. Zudem betreut sie wissenschaftlich zwei Tiroler Kulturfestivals.

ROLAND NORER

ist Mitglied der Institutsleitung des Urner Instituts Kulturen der Alpen in Altdorf und Ordinarius für öffentliches Recht und Recht des ländlichen Raums an der Universität Luzern, an der er das Center for Law and Sustainability mitleitet. Er begleitete unter anderem Projekte in Andermatt aus rechtswissenschaftlicher Sicht. Mit seinen Schwerpunkten Land- und Waldwirtschaft, Umwelt und Raumplanung entdeckt er im alpinen Raum unentwegt spannende Rechtsfragen.

BORIS PREVIŠIĆ

ist Professor für Literatur- und Kulturwissenschaften an der Universität Luzern und seit 2020 Gründungsdirektor des Urner Instituts Kulturen der Alpen. Unter anderem leitete er das SNF-Projekt zu «Gebirgskrieg und Reduit in der Literatur» und ist in Thinktanks zu Fragen der Biosphäre, der Energieproduktion, des Tourismus sowie der Land- und Forstwirtschaft aktiv. Als Autor der Publikationen «CO_2: Fünf nach zwölf. Wie wir den Klimakollaps verhindern können» (2020) und «Zeitkollaps. Handeln angesichts des Planetaren» (2023) ist er gefragter Experte in Klimafragen.

ALINE STADLER

ist Kulturwissenschaftlerin und am Urner Institut Kulturen der Alpen für das Online-Magazin «Syntopia Alpina» zuständig. Sie absolvierte ihr Masterstudium in Kulturwissenschaften und Philosophie an der Universität Luzern und interessiert sich insbesondere für Akustik, Nachhaltigkeit und alpine Räume. Zudem arbeitet sie als Musikredaktorin bei Radio SRF 2 Kultur in Basel und ist als Schlagzeugerin und Perkussionistin unterwegs.

MICHEL ROTH

ist Komponist, Musikforscher und Professor an der Hochschule für Musik Basel. Er ist im Kanton Uri geboren und beschäftigt sich künstlerisch und wissenschaftlich mit dieser Region, zum Beispiel in seiner Oper «Die künstliche Mutter» (Lucerne Festival, 2016). Viele Projekte basieren auf spiel- und systemtheoretischen Ansätzen, die er für eine Diskursanalyse der musikalischen Avantgarde der 1960er-Jahre entwickelt hat. 2023 kuratierte er dazu den inter- und transdisziplinären Kongress «SPIEL! Games as Critical Practice» im Foyer Public des Theater Basel.

DANIEL SPEICH CHASSÉ

ist Professor für Globalgeschichte an der Universität Luzern, Privatdozent an der Universität Zürich sowie Mitglied der Institutsleitung des Urner Instituts Kulturen der Alpen. Er forscht unter anderem zu der Frage, wie sich Informations- und Kommunikationstechnik (ICT) an den vermeintlichen Rändern der Welt etabliert hat. Hierzu untersucht er den ländlichen Raum der Zentralschweiz, begleitet aber auch Studien zum digitalen Wandel in Westafrika.

MARCO VOLKEN

ist freiberuflicher Fotograf und für zahlreiche Medien, Verlage, Organisationen, Museen und Stiftungen tätig. Zu seinen Schwerpunkten gehören Natur, Landschaften, Bergsport und Reportage. Daneben interessiert er sich zunehmend für Spuren, die Menschen in der Landschaft hinterlassen (haben) – und umgekehrt. Als Walliser im Tessin aufgewachsen, lebt er seit seinem Physikstudium in Zürich.

ANDREAS WEISSEN

aus dem Wallis, hat Journalismus und Kommunikationswissenschaften in Fribourg sowie Pädagogik und Wirtschafts- und Sozialgeschichte in Bern studiert. Er baute die Geschäftsstelle des Netzwerks Schweizer Pärke in Bern auf. Zuvor war er für den WWF tätig sowie Gründungsmitglied und langjähriger Präsident der Alpeninitiative. Er präsidierte von 1995 bis 2004 die Internationale Alpenschutzkommission CIPRA. Andreas Weissen tritt regelmässig als Sagenerzähler auf und organisiert das Multimediafestival BergBuchBrig, die Binner Kulturabende und das Hackbrettfestival Binn.

ARIANE ZANGGER

ist Doktorandin am Institut für Sozialanthropologie der Universität Bern. Im Rahmen des SNF-Projekts «Convivial Constitutionality: Human-Predator Interrelations in Complex Social-Ecological Systems» beschäftigt sie sich mit den Mensch-Wolf-Beziehungen in den rumänischen Karpaten. Sie interessiert sich für Fragen des Herdenschutzes, der Alpwirtschaft und der Nutztierhaltung im Kontext der Wolfspräsenz.

Auf Syntopia Alpina werden weiterhin regelmässig Artikel veröffentlicht. Alle bisher publizierten und im Folgenden chronologisch aufgeführten Beiträge (Stand 20.6.2023) finden sich über diesen Code:

Bürgin, Reto / Mayer, Heike (3.5.2022): Zwischen Stadt und Berg: Digitale Multilokalität.

Hiltbrunner, Erika (3.5.2022): Die Verbuschung der Alpen und eine tierisch einfache Lösung.

Mathieu, Jon (3.5.2022): Heilige Berge – probate Instrumente für den Umweltschutz?

Körner, Christian (3.5.2022): Experimente der Natur: Warum der Klimawandel alpine Pflanzen weniger stört als viele glauben.

Haeberli, Wilfried (3.5.2022): Aufgeheiztes Hochgebirge: Über Permafrost und Felsstürze.

Zangger, Ariane / Frank, Elisa / Heinzer, Nikolaus (10.5.2022): Kooperieren, Adaptieren, Improvisieren – Herdenschutz als gemeinsamer Lernprozess.

Vorkauf, Maria (17.5.2022): Skigebiete technisch beschneien: Wie viel Wasser werden wir in Zukunft dafür brauchen?

Boogen, Annina (24.5.2022): Erneuerbare Energien im Alpenraum: Partizipative Prozesse neu denken.

Dunoyer, Christiane (31.5.2022): Ringkuhkämpfe im Alpenraum: Eine Tradition im Wandel.

Hug, Stefanie (7.6.2022): Hitzestress und Ernteausfälle – rechtliche Anpassungen der Landwirtschaft an den Klimawandel.

Roth, Michel (14.6.2022): Vielsaitige Instrumente: Schächentaler Seilbahnen als klangliche Akteure und Resonanzkörper.

Valsangiacomo, Nelly (21.6.2022): Wie klingt mein Tal? Klangwelten des Val d'Hérens ermöglichen neue Einsichten.

Siegrist, Dominik (28.6.2022): Wilde Wasser – starke Mauern. Wie der Mythos Wasserkraft eine echte Energiewende blockiert.

Previšić, Boris (5.7.2022): Brenzen statt brennen: Wie wir das CO_2 fruchtbar machen.

Norer, Roland (6.9.2022): Ein «ius alpinum»? Das rechtliche Potenzial der Alpenkonvention.

Grünenfelder, Hans-Peter (13.9.2022): Kulinarik aus den Bergen – das Schwarze Alpenschwein kehrt zurück.

Hüppi, Roman (20.9.2022): Kreisläufe schliessen – Kohlenstoffsenken in der alpinen Landwirtschaft.

Müller, Eva-Maria (27.9.2022): Geschichten vom Gipfellosen und deren Fragen an die alpine Zukunft.

Rohrer, Jürg (4.10.2022): Photovoltaik in den Alpen: Zentraler Baustein für die Energiewende.

Benjamin, Lisa Lee / Jónsdóttir, Ásthildur (11.10.2022): «Walking Memory» im Valsertal: Eine künstlerische Auseinandersetzung mit künftigen Lebensweisen.

Lustenberger, Sibylle (18.10.2022): Alpine «Prosumer»: Von Menschen, die Generatoren am Laufen halten.

De Pretto, Sebastian (25.10.2022): Solar-Offensive: Wie kann sie klimagerecht umgesetzt werden?

Bäumler, Andreas (1.11.2022): Bergende Berge? Das Reduit literarisch imaginiert.

Egger, Thomas (8.11.2022): Attraktiver Wohnraum als wichtige Grundlage für die Berggebietsentwicklung.

Lughofer, Johann Georg (15.11.2022): Corona, Klischees und Kulturkampf um die Alpen.

Previšić, Boris (22.11.2022): Alpine Photovoltaik. Lässt sich das Lokale mit den planetaren Grenzen verbinden?

Joris, Elisabeth (29.11.2022): Unsichtbar: Frauen im Alpenraum und ihr Beitrag an der Wirtschaft.

Schreiber, Markus (6.12.2022): Alpenstrom und Raumplanung – eine kritische Betrachtung der aktuellen Gesetzgebung.

Gritsch, Kurt (13.12.2022): Arbeiten, wo andere Urlaub machen.

Weissen, Andreas (20.12.2022): «Gogwärgjini»: Von Zwergen und weiteren Sagengestalten.

Gantenbein, Köbi (10.1.2023): Alpines Bauhandwerk: Altes und neues Wissen vereinen.

Cornelissen, Marcel (17.1.2023): Gletscherarchäologie: Spuren früherer Menschen aus vergangenen Bergwelten.

Moser, Andreas (7.2.2023): Wölfe hinterliessen Spuren.

Holzegger, Monika (21.2.2023): Alte Häuser im Oberwallis: Mehr Lichter in historischen Dorfkernen.

Gantenbein, Köbi (28.2.2023): Strassen in den Alpen: Wie viele braucht es?

Meier, Andrea (7.3.2023): Warten aufs tragende Eis: Wie die Klimaveränderungen Eisfischer:innen herausfordern.

Elsasser, Kilian T. (14.3.2023).: Die Gotthard-Bergstrecke: Schon bald ein UNESCO-Welterbe?

Bevilacqua, Loredana / Speich Chassé, Daniel (28.3.2023): Alpine Landwirtschaft: Am Rand der Digitalisierung?

Bärwalde, Andrea / Hosennen, Tamar (4.4.2023): Das Oberwallis im Wandel: Im Spannungsfeld zwischen Tradition und Internationalisierung.

Gredig, Mathias (25.4.2023): Alpine Waldkonzerte – zur Klangvielfalt der Kurorchester.

Pult, Jon / Betschart, Django (9.5.2023): Klimaschutz und Alpenschutz: Jon Pult und Django Betschart von der Alpen-Initiative im Gespräch.

Seidl, Irmi (23.5.2023): Bauwirtschaft mit Wachstumsgrenzen konfrontiert.

Previšić, Boris (6.6.2023): Solaranlagen sichtbar machen: Alpine Agri- und Tourivoltaik.

Silber, Leonie (20.6.2023): «Die Alpen sind vernichtet» – Vom Bären Bruno und der daraus entstandenen Novelle Falkners.

DANK

IMPRESSUM

Im Namen des Urner Instituts Kulturen der Alpen und im Besonderen des Projektteams Syntopia Alpina – Madlaina Bundi, Boris Previšić, Aline Stadler, Marco Volken – sprechen wir allen Autorinnen und Autoren unseren Dank aus: für ihre Beteiligung im Rahmen dieses Projekts, ihre impulsgebenden Artikel und für das Entwickeln gemeinsamer Zukunftsvisionen für den Alpenraum.

Für die grosszügige Unterstützung der Erarbeitung und Drucklegung der Publikation danken das Urner Institut Kulturen der Alpen als Herausgeber und das Projektteam Syntopia Alpina den folgenden Institutionen:
    Otto Gamma-Stiftung
    P. Herzog-Stiftung Luzern
    Ulrico Hoepli-Stiftung
    Albert Koechlin Stiftung
    Stiftung Lucerna
    UBS Kulturstiftung
    Forschungskommission der Universität Luzern

Inhaltliche Verantwortung: Boris Previšić, Altdorf
Editionskonzept, Projektmanagement: Madlaina Bundi, Basel
Fotografie: Marco Volken, Zürich
Redaktion: Aline Stadler, Altdorf
Lektorat: Madlaina Bundi, Basel
Gestaltung und Satz: Büro 146. Maike Hamacher, Valentin Hinderman, Madeleine Stahel, Zürich; mit Bianca Blair und Marcel Schirmer
Druck: Odermatt AG, Dallenwil NW
Papier: Genesis White FSC – Recycling, 100 % Altpapier

© Printversion: 2023 Hier und Jetzt, Verlag für Kultur und Geschichte GmbH, Zürich
www.hierundjetzt.ch
ISBN 978-3-03919-596-1